子どもがみるみる変わる！

ミゲル流 人生を切り開く「自信」のつけ方

ミゲル・ロドリゴ
フットサル指導者

はじめに

２００９年６月、私はフットサル日本代表監督として来日してから、２０１６年２月に監督を退任するまでの約７年の間に、たくさんの日本の人々と接してきました。

私の日本人に対する印象は、おそらく来日したほとんどの欧米人が抱くものと変わらないでしょう。シャイで遠慮がち、人に迷惑をかけることを極端に嫌う、いつも時間に正確で礼儀正しい、自分の意見より他人の意見を尊重する控えめさと知性をもっている人々。

日本代表選手たちもみな練習熱心で、私の指示もしっかりと聞いてくれました。協調性に長けているのでチームプレーも得意。テクニックについて言えば、世界レベルにも引けを取らない選手もいます。身体能力もスポーツの強豪国に大きく劣るとは思えません。一流のサッカー選手を見ても、大柄でマッチョな選手だけが活躍しているわけではないのは明らかです。

しかし、日本選手には勝つために決定的に欠けている力がありました。自分の判断は間違っているかもしれない、誰かに迷惑がかかるかもしれないという決断への恐れや自信のなさが、彼らを勝利から遠ざけていたのです。遠慮や奥ゆかしさは日本人の美点ですが、スポーツの世界で成功するためには、他人がどう思うかではなく、自分の責任で決断する強い精神力を養うことが、何よりも必要だと強く感じました。

代表チームを強化する一方で、フットサル普及のために講演や講習会もたくさん行いました。小学校や地域のジュニアサッカーチームを訪れて、レッスンを通じて子どもたちと触れ合うこともできました。

子どもたちとのレッスンや指導者との交流で気づいたのは、大人の選手たちが決断しない原因が、子ども時代にあるのではないかということでした。

自分の意思で動く機会を与えられず、まるで大人のように振る舞うことを強いられた子どもたちは、言葉数が少ないだけでなく、自分の気持ちを顔に出すことさえ禁じられているように見えました。才能があるのに萎縮して、自信を失っている子どもも多くいました。

子どもたちの心を自信でいっぱいにしたい。失敗を恐れずに挑戦する楽しさを体験させてあげたい。そして自分で決める喜びをたくさん感じてほしい。

そのためには、子ども一人ひとりをきちんと見て、子どもとしっかりコミュニケーションをとり、よい部分を見つけて、ほめること。挑戦したことを認め、励ますこと。小さな才能の芽に気づいて、それを大きく伸ばしていくこと。このような大人からのポジティブなはたらきかけが、何よりも大切なのです。

私は自分が関わった子どもたちの生活のすべてを知っているわけではありません。教育評論家でもなければ、児童心理学者でもない。日本の文化背景にも詳しいとは言えないひとりのスペイン人です。しかし、ここに記したのは、プロの選手たちと日本の子どもたちの両方に関わってきた経験の中でつくり上げたメソッドです。そしてそのメソッドが、日本代表チームの数々の勝利と、私のレッスンを体験した子どもたちの成長に大いに貢献したと自負しています。

子どもたちの心を鍛えるために、心ない怒鳴り声は必要ありません。しっかりと子どもを見て、愛情をもって正しくほめれば、子どもの心は強く育ちます。

もくじ

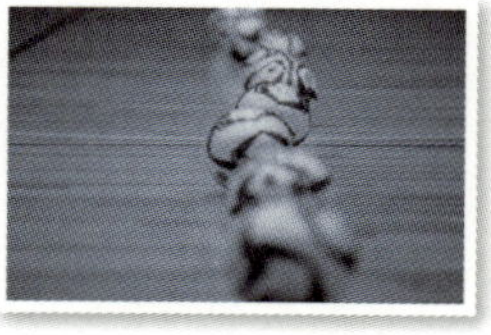

Chapter

1

私が見た日本

チャンスを手放してしまうのは、失敗するのが怖いから。

指示しないと動かないのは、

間違えることを許されなかったから。

子どものころから、間違えずにできることを

期待されてきたのでしょう。

日本人に足りないのは、能力や技術、体力ではなく、

自分で考えて行動する経験です。

日本で監督になる幸運

スペインの友人に「日本はどんな国？」と聞かれると、私はつい興奮して日本自慢を始めてしまいます。来日してからというもの、日本という国の規律正しさには感心しきりです。

「街全体に秩序があって、信号無視する車なんて見たことがないし、クラクションだってほとんど聞こえないんだ！　お店はものすごくきれいで店員は親切。どこに行っても時間に正確で、ほとんどすべてのことが規律どおりに進んでいる。ものすごく快適な国だよ！」

そして最後にはいつも、スペインもこうだったらいいのに…、とうらやましく思います。もちろんスペインは魅力あふれる国です。でも日本では当たり前になされていることが、わが祖国ではほとんど奇跡のようなもの。日常は小さなストレスで満ち、だからこそ「ま、いいか」「なんとかなるよ」の一言でやり過ごさなくてはならないことの、何と多いことか。

もうひとつ、驚いたことがありました。それは日本人はオンとオフで印象がガラリと変わること。たとえば仕事で日本人男性を紹介されたとき、彼の表情は硬く、「よろしくお願いします」とお辞儀をしたきり、それ以上の会話はありませんでした。私は普段からジョークが好きで、初対面でもすぐに打ち解ける性格ですが、２人の間にある距離を縮めるのはなかなか難しいと感じました。しかし、その日の夜、仕事で飲み会の席に参加しました。すると突然、酔っ払って大声で私の名前を呼び、笑いながら肩を組んできた人がいたのです。それが昼間にあいさつした男性だと気づくまでに時間がかかりました。ずっと無表情だった彼と、同一人物とはとても思えませんでした。

スペインにも、シャイな人もいれば、明るくオープンな人もいます。しかしそれが昼と夜で変わることはありません。シャイな人は酒場でもやはりシャイだし、オープンな人は職場でもオープンです。彼の変わりようにはびっくりしましたが、長く日本にいるうちに、それが普通なんだと理解するようになりました。日本人は、ＯＮのときの自制心が非常に強いと思います。

私がかつてスペインやロシア、イタリアで監督をしていた時には、練習中でもロッカールームでも、いつもどこかで選手同士がケンカをしていました。やれ自分のポジションが気に食わないとか、監督の指示に納得いかないとか、私への不平不満もしょっちゅうで、試合に負けても自分が悪かったと反省する選手などいませんでした。ですから世界には、ケンカや規則違反にはやむなく罰則や罰金を科し、なんとかチームを形にしている監督が世界には大勢いるのです。

しかし自制心が強い日本選手には、そんな心配はありません。選手同士はいい雰囲気で、無駄なケンカはしないどころか、逆に、仲間へのこまやかな気遣いがあります。協調性が高く、ひとつの目標に向かって力を合わせて努力します。私の指示もきちんと聞くし、まじめで練習熱心。おかげで来日後、私の白髪やシワが増えるスピードはだいぶゆるやかになりました。

さらに、たとえ勝ち目のない試合でも最後まで決してあきらめない粘り強さや、ここぞというときに発揮される集中力は、まさにサムライ・スピリッツ！　海外の格上のチームを相手に、いい結果を残すこともできています。

一方、絶対に勝てると踏んだ肝心の試合で、なかなか勝てないことがあります。その理由は強豪国の選手たちのように、いさかいも辞さない強いエゴがないから？　身体能力に差があるから？　テクニックで劣っているから？

私の答えは「ＮＯ」です。

勝つために足りないもの

日本人に欠けているのは、「自分が今しなくてはならないことを、自分の意思で自由に選び取り、自分の責任で決断する能力」です。

フットサルだけでなく、スポーツは瞬時の決断の連続です。決めなくてはならない瞬間に、自分がいいと思ったことをやる。日本では電車が時刻どおり発車するのが自然なように、スペイン人である私にとって、それはあまりにも当たり前のこと。

日本代表チームには、その決断力を育てるためのトレーニングを重ねました。「自分で決める」。たったそれだけのことが、どうしてこんなにも難しいのでしょうか。日本には、奥ゆかしさをよしとする美しい文化がありますが、スポーツは「試合に勝ってなんぼ」の世界。正直なところ理解に苦しみました。しかし、代表選手以外との日本人と関わり、サッカーの練習を通して子どもたちと触れ合いながら、日本人が決断を避けるのはなぜなのか、だんだんと理解できるようになったのです。

ジョークとスキンシップでハートをつかむ

これまでスペインはもちろんのこと、さまざまな国の子どもたちと接する機会がありましたが、日本の子どもたちの印象は、他のどの国の子どもたちとも違っています。

地域のサッカーチームの練習に参加するとき、私は子どもたちの前に立ってあいさつをしますが、彼らを見渡すと、不安と緊張でカチコチに固まっているのがわかります。彼らはとてもシャイです。そして感情を表に出さない子が多いのも特徴と言えるでしょう。しかし同時に、素直で謙虚。私のアドバイスを聞きもらすまいと、真剣な子がほとんどです。つまり、私が日本人の大人に抱くイメージと変わりません。来日したばかりのころは、「これは、打ち解けるにはずいぶん時間がかかりそうだぞ」と思いました。

しかし、どこの国でも子どもたちは、まっさらなキャンバスのようなもの。大人になると、身についた文化や習慣の殻は硬く、破るのは大変ですが、子どものうちなら、その殻はまだほんの薄皮です。さっさとはがしてしまえば、本来の子どもらしさを見せてくれます。私ははじめのあいさつでその薄皮をペリッとはがしてしまいます。

練習初日、まずはスペイン語でジョークを連発。信頼している日本人のスタッフが通訳をしてくれます。

「ねえ、知ってる？　スペインの子どもって、生まれたときは目が3つあるんだよ」とか、「今日はサッカー協会の自家用ジェット機で来たんだ。うまくプレーできたら、レッスンが終わってからスペインに招待するよ。パスポートは持ってきたよね？」など、ときには30分以上も話します。通訳してくれるスタッフがチラチラと横目で私を見ながら「そろそろ切り上げたら？」と合図を送ってくることもありますが、ジョークをしつこいくらいに続けるのは、子どもたちの薄皮がちょっと硬くなっていると感じたとき。たっぷり時間をかけてやわらかくする必要があるのです。

素直な日本の子どもたちは私のジョークに耳を傾け、だんだん表情がほぐれてリラックスして練習を始められます。こうして距離が縮まればこっちのもの。子どもたちをどんどん練習に引き込むことができます。

これが、私が初めて訪れるチームで行う笑いの儀式です。コートの外で、どんなおそろしいコーチが来るのかと不安そうにしていた保護者たちからも、安堵した雰囲気を感じ取ることができます。

練習中では肩に手を置いたり、ハイタッチや、ハグをしたり、子どもたちとできるだけスキンシップをとります。それがいいことだからというより、私には自然な行為なのです。スペイン人やイタリア人のようなラテン民族は、友達でも親子でも、日常的にスキンシップをする文化をもっています。

短時間のうちに、子どもたちは私に気兼ねなく声をかけるようになったり、質問してきたり、ときには抱きついてくる子もいて、日本の子どもたちにとってスキンシップをしながらのコミュニケーションが、とても新鮮なのだと実感します。

子どもたちを包む硬い殻

しかし、どのチームを訪れても、その中に必ず殻が硬くてなかなか打ち解けられない子どもがいます。ジョークを言っても表情が変わらず、からだに触れられるのを嫌がったりもします。それが海外と日本の子どもたちの大きな違いのひとつです。

そういう子の心を開く私なりの方法については第2章で述べますが、どうして、まだ小学校低学年の幼い子どもの殻が硬く、厚くなってしまったのでしょうか。

他人と常に一定の距離をとるという日本独自の文化が強く表れているのかもしれません。もちろん原因は子どもによってそれぞれでしょうし、私に断定はできません。しかし、日本で子どもたちと関わる中で感じているのは、大人が忙しすぎて、子どもとコミュニケーションをとる時間があまりにも少ないのではないかということ。もしくは大人が子どもと積極的にコミュニケーションをとるのを避けているように見えることとです。

身近な大人とのコミュニケーションが極端に少ない子どもは、他人とどう接していいかわからず、心を開くことも難しくなるのではないでしょうか。

欠点ばかり見る指導者

大人が子どもと積極的に関わっていない。

日本で子どもたちを指導する大人に出会うにつれ、そう感じるようになりました。小学校や地域のサッカーチームの練習に参加すると、タッチラインの外で腕を組んだまま、微動だにしない指導者がたくさんいます。

練習のはじめにメニューや目標を発表した後は、じっとコートを見つめるばかり。その姿は監督やコーチというより、まるで見張りか時間を計るためだけにいるかのようです。決められた時間内に最低限の仕事だけやって、おしまい。日本では指導者は教え子たちと一線を画するべきという精神的な文化が存在するのかもしれません。しかし「この方法で子どもたちとよい関係が築けるのかな」と不思議に思いました。

最初から最後までフィールドに入って声をかけることさえせず、当然スキンシップなど皆無。子どもたちがせっかくいいプレーをしてもうなずくだけで、プレーへのフィードバックがありません。そうかと思えば、一見、熱心な指導者たちが、子どもたちのミスをあげつらい、これでもかというほど怒鳴る声のなんて多いことか。練習中に何度「そうじゃない！」「ダメだ！」という言葉を聞いたことでしょう。

もちろん、どの国にもミスを指摘したり、とがめたりする指導者は存在します。私はそれがいいことだとは思いませんが、選手の間違いを修正しなければと思うのは指導者の自然な性《さが》ですし、起こったミスにとっさに反応するのは簡単な指導法なのです。

それにしても、日本の指導者はあまりにもネガティブなことばかりに目がいきすぎるし、子どもを罵るような言葉が多すぎます。そのせいで、フィールドの子どもたちはミスをして叱られないように、そればかり気にしてプレーしているように見えます。

「なるほど、初対面の私に、必要以上にビクビクしていたのもこのせいか」と思いました。かわいそうに、子どもたちは日本代表チームの監督が来ると聞き、期待すると同時に、どれだけ厳しい指導があるのかと、さぞかし怖かったことでしょう。

多くの子どもたちがもつ「ミスなし思考」は、大人の選手にも見られます。日本の選手は、まず無難なプレーをしようとします。彼らの最終目標は勝つことではなく、ミスをしないことなのではないかと思えるほどです。試合が終わったら「やったー！ 今日はミスがなかった！」と喜びの声をあげるのではないか…。冗談ではなく、私は本気でそんなふうに感じることがありました。残念ながら、これでは勝利を手にすることは難しいでしょう。

日本では、「うちのチームの課題はメンタル」という言葉をよく耳にします。しかしその問題をつくっているのは誰でもない、指導者自身であることも多いのです。

もしも子どもたちにスポーツの楽しさを教え、チャレンジすることの素晴らしさを経験させたいなら、そして、自ら決断できる選手に育てたいと思うなら、始終時計とにらめっこをしてミスをあげつらうだけの指導者は、今すぐに考えを改めるべきです。

お母さんも叱ってばかり？

これは親子の関係においても同じです。日本では普段から、お母さん（もしくはお父さん）が子どもを叱る、というコミュニケーションが多いように感じます。

もちろんスポーツの監督やコーチ、学校の先生など、仕事で子どもを「指導」する大人と、「子育て」をしている親では立場は大きく異なります。しかし、わが子と毎日いっしょに過ごして何ひとつうまくできていない、叱りつけることしかしていないということは、ありえないのではないでしょうか。

私には小学生の子どもが2人います。彼らを通じて日本人の家族と親交があり、また講演会などで、子どもとの関わり方について相談を受けることもよくあります。そこから感じられるのは、日本の親は子どもが上手にできたことはあえて無視してネガティブなことばかり見ているのではないか、ということです。

間違いの指摘に熱心なのは、自分に厳しく、謙虚であってほしいという日本の文化に根づいているものなのでしょうか。少なくともスペインや私が滞在していた他の国ではあまりなかったことです。

謙虚であることはいいことですが、子どものよい行いに目を向けることにエネルギーを注いでもいいのではないかと思います。

「気合い＝プレッシャー」の不思議

一般的に、日本人はプレッシャーに弱いといわれますが、私もそう感じるケースがたびたびあります。そのせいか、日本人には闘志が足りないともいわれますが、そんなことはありません。闘志が十分でも、ときにはそれがありすぎてプレッシャーになり、からだが思うように動かなくなってしまうのです。

最初にそれを強く実感したのは、フットサル日本代表の監督に就任して1年ほどたったころ、初めて挑んだ大舞台でのことでした。

私は試合の直前に、選手たちが着替えを終えたロッカールームで、全員に気合いを入れます。特にゴレイロ（ゴールキーパー）は「守護神」と呼ばれることからもわかるように、闘志あふれる選手が多いので、特別に声をかけて奮い立たせることもあります。

その試合の前にも、日本人ゴレイロの肩や背中、胸を叩きながら「お前はナンバーワンのゴレイロだ！　お前がこれからフットサルの歴史を変えるんだ！　その姿を見せてやれ！」と大声で発破をかけました。

フットサルの監督になってからずっと、ブラジル人やアルゼンチン人、イタリア人の選手たちにもしてきたやり方です。そして、彼らはいつも「よし、おれに任せろ！」と、やる気をみなぎらせ、実にいいプレーをしてくれました。

しかし、日本人のゴレイロにはまったくの逆効果でした。彼は試合中、ほとんど動くことができず、我々は０−７で敗れました。私の喝に、「試合の勝敗は自分ひとりにかかっている」「ゴールはすべて自分が止めなければ勝てない」と、強いプレッシャーを感じて押しつぶされてしまったのです。これは日本人の性格をよく理解していなかった私のミスでした。

また、対戦相手を研究し、しっかりと戦術のトレーニングをして挑んだ別の試合では、選手全体に同じようなことが起こりました。彼らは、私といっしょに練り上げた戦術どおりにプレーしなくてはと思うあまり、それがプレッシャーとなり、スムーズに動けずにいたのです。テクニックは十分もっていて、普段の彼らの力を発揮すれば互角に戦えるはずなのに…。

そのときはすぐにこう伝えました。「今までの戦術はすべて忘れてくれ。自分がいいと思ったプレーをして、自由にフットサルを楽しんでほしい」と。するとその後の１分半で２点を取り、結果は３−０で勝利。

この経験を経て私は、試合前のロッカールームでは選手たちに「やるべきことはすべてやった。君たちを信頼している。自由にプレーして最後まで楽しむだけだ。試合が終わったら、みんなで飲みに行こう!」と言ったり、あるいは、あまりにも緊張している若手選手の緊張をほぐすために、ベテラン選手といっしょに冗談を飛ばしたりするように意識しました。

強いプレッシャーを感じ、からだが動かなくなってしまうのは、自分で決めることを恐れ、萎縮してしまうからだと思います。今後、自分で決断する力をつけていけば、プレッシャーで自らを鼓舞し、チームはもっと強くなるでしょう。

中には私のやり方を不謹慎だとか、甘いと感じる人がいるかもしれません。しかし、まだ決断する力が不足している日本では、やはり普段の状態を維持することが先決です。何より活を入れるばかりでなく、リラックスさせることで、さらにそこから新たなパワーが生まれることもある。それは日本のチームが私に与えてくれた大切な知恵でもあるのです。

誰のためにプレーしているの？

試合中、最初のプレーで波に乗れたときは、よいパフォーマンスができるけれど、逆のパターンだと何をやってもうまくいかず、負の流れにはまり込んでしまうケースがあります。そういうときは、選手交代をしてベンチに戻った選手の隣に座って声をかけます。海外のチームにいたときは、「ドリブルがうまくいかなかったのは大きな問題ではないよ。守備に切り替えて簡単なパスをつないでリズムを作ろう。いい流れが来るまで耐えれば、次はその流れに乗れるよ」などと、具体的なプレーへのアドバイスをしていました。

しかし日本人選手に声をかけていて、はっとしました。彼らは自分のパフォーマンスにがっかりしている以上に、自分が監督の期待を裏切ったのではないかと心配しているのです。それに気づいてからは、プレーへのアドバイス以前に、少なくとも後者のことについて気に病むことはないと伝えます。「私ががっかりしていると思っているのか？　君がここにいるのは、全力でプレーすると信じているからだ。君への信頼は決して揺らいでいない。私のことは考えなくていい。自分のプレーに集中しよう」

日本人はときに、自分のためではなく誰かの期待を叶えるため、信頼を失わないためにプレーしようとします。もちろん、それは大きなモチベーションにもなるでしょう。しかし、もし応えられなかったらという強迫観念につぶされてしまうこともあるのです。

期待どおりに動こうとする子どもたち

プレッシャーへの対策は、私なりの答えを見つけました。しかし一方で、どうしてプレッシャーをはねのける、あるいはプレッシャーによって奮起することが難しいのかという疑問は残ります。

チームが強くなればなるほど、周囲の期待は高まります。選手たちがプレッシャーを感じる機会も度合いも増えるでしょう。ですから根っこを知って、自分でプレッシャーを消化できるようにならなくてはなりません。

そのヒントは、子どもたちとの練習にありました。日本の子どもたちは、指導者が提示したことをやらなくてはならないという意識がとても強いのです。本来なら、子どもは真っ先に自分の得意なプレーをしたいのが当然だし、そうすべき年代です。しかし肝心の指導者は、子どもがボールを蹴りだしてからゴールを決めるまでの青写真に沿ってプレーさせることに固執し、子どもの才能を封じ込めているように感じます。

指導者が戦術を立て、そこに至るまでの動きを指示する。子どもがその指示を破って得意なテクニックを披露しようものならゲキを飛ばします。「何やってんだ！　だから言っただろ！」「そこはパスだ！」

これでは子どもは指導者の指示をミスなくこなすこと、指導者が期待するように動くことにとらわれてしまい、自分で考えたい、自分で思ったようにプレーしたい、という気持ちに蓋をしてしまうでしょう。当然試合でも、自分で判断することはせず、指導者の戦術に忠実にプレーしなくてはというプレッシャーにがんじがらめになってしまいます。

過度な期待が自立をはばむ

過剰な期待とそれに対する強制力は、スポーツの世界にはあってはならないし、まったく通用しません。スポーツにはプランこそあれ、実際の試合になれば、初めて訪れる状況の連続です。

たとえば、試合で素晴らしいプレーを見せたとします。そして次の試合もチームのメンバーも対戦相手も同じ、その日の食事も睡眠時間も天気もすべて同じに整えたとしても、そのときにいいプレーができないこともあります。

試合で大切なのは、自分で判断を繰り返しながら全力を出し切ってプレーすること。結果がうまくいってもいかなくても、そもそもスポーツとはそういうものだと考えること。しかしそう考えず、試合の勝ち負けは指導者が決めた戦術を実行したか、しなかったかにかかっていると思い込んでいる指導者も多くいます。練習や試合を観に来る保護者たちも、子どもが期待どおりにプレーすること、試合に勝つことを強く望んでいるように見えます。

親としてなら、なおさら勝利のみにこだわるべきではありません。一生懸命プレーし、全力を尽くしたかどうかに注目してください。その子の得意なプレーを認めてあげてください。うまくいかなかったことがあれば、「うまくいかなかったみたいだね。どうだったの？」と聞いて、子どもの言葉に耳を傾けてください。「こうすればよかったのに」「こうするべきだったんじゃない？」というセリフは不要です。期待するのは自由ですが、それは大人の都合で、それを子どもに強制する権利はありません。

最終的には他人からの期待ではなく、何事も自分がどうしたいのか、どうすべきかを決めて歩んでいかなくてはなりません。つまり「自立する」ということです。過剰な期待はそれをはばむものだと、大人はしっかり認識しておかなくてはなりません。

日本代表チームでの試み

自分の目で見て感じたことに対して、自分が主体になってアクションをとるという「決断力」を強化するために、日本代表チームが実践していることがありました。

それは「クラウド」の概念を利用したトレーニングです。データを個人個人で所有するのではなく、クラウドに保存しておき、それをチーム全員が共有するイメージです。選手たちはクラウドにアップロードされたデータを自分で選び取り、ダウンロードして使用します。

具体的には、チーム全体の「コンセプト」を決め、考えを組み立てるのは、監督である私やテクニカルスタッフの役割。クラウドを満たしておく作業です。コンセプトは、守備か攻撃かのプレースタイル、そのために必要なテクニックや集中力、戦術、状況の判断、プレースタイルの切り替えなど、さまざまな情報で成り立っています。まず選手たちには、トレーニングメニューを通じて、そのコンセプトに触れてもらいます。クラウドのデータを自由に選んで使ってみて、自分たちにいいと思うように修正を加えてもらうのです。練習の中で選手たちは、コンセプトに自分たちの意見やチーム全体で話し合った新たな情報を書き加えたりします。

さらに試合で訪れる局面を想定し、自分の目の前で起こっている状況を判断して実行するトレーニングも行います。クラウドにあるコンセプトの中から、どの情報を選んで活用するのかという判断する力をつけるためです。

日本人選手は、この「自分で選ぶ」という作業に時間がかかります。選ぶことを躊躇するのです。世界のトップレベルの選手なら、瞬時に状況を判断し、何が起こるのかを「予測」して動き出します。

今までの日本では、クラウドの部分にあるのが指導者でした。指導者が発信じた情報に従ってプレーするという図式です。だから自分が考えたり選んだりする余地が少ないのです。

クラウドの中には監督もコーチもいません。現場での私たちは、クラウドの情報を思い出させ、ただ方向を示すだけのガイドなのです。

必要なのはトライ&エラー

この章の最初でも述べたように、日本人には自分で決める力が欠けています。小さいころから自由に自分の意見を述べたり、思ったように行動するたびにとがめられる、得意なことをすれば「調子に乗っている」と才能を封じ込められる、上の者に従順であることを求められる、間違えると叱られるという記憶が、決めることを躊躇させています。そのせいで、たくさんの才能が眠ったままになっています。

「トライ&エラー」。つまり、自分の判断を信じて、たとえリスクがあったとしてもやってみることです。失敗したら、そのときこそ学びのチャンス。自分のからだで得たことが、糧となって蓄積されていくのです。トレーニングの中で、トライ&エラーを習慣にし、失敗することへの恐怖を取り除かなくてはなりません。自信のレベルを高めるトライ&エラーは、スポーツの世界だけではなく、子どもたちの学習や家庭生活でも取り入れたい習慣です。

第2章では、トライ&エラーを身につけるためのメソッドを紹介します。

Columun 1

私の子ども時代 ――厳格な父とユニークな母

私は5人きょうだいの長男。父は医者をしていて、とても厳格な人でした。怒鳴ったり叩いたりすることはありませんでしたが、父の〝鶴のひと声〟には、誰も抗えない迫力がありました。子どもにジョークを言って笑わせるのが大好きな私の指導や子育てとは、ちょっと違います。

しかし、わが子に身につけてもらいたい価値観や常識は、父から受け継いだことがたくさんあります。たとえば、値の張るものを手に入れたいときには、半分は自分で出費するという決まりがありました。

中学生のころ、海外出張する父に、老舗メーカーのジーンズをお土産に頼んだことがあったのですが、それが自分で半額払って手に入れた初めての贅沢品でした。暮らしは比較的恵まれていたのですが、父は自分の努力で手に入れるということを子どもたちに学ばせたかったのだと思います。

一方、母は温かくユニークな女性でした。母は男子5人を育てる暮らしを、もちろんほとほと手を焼きながらも、楽しんでいたのだと思います。ときには家の中で室内履きが飛んできたり、大声で怒られたこともありましたが、それも私たちきょうだいにとっては楽しい思い出です。

両親に共通していたのは、子どもが自信を喪失するような言葉を投げつけたりはしなかったこと。つまり、「しつけ」は私たちを教育するためのことだと、5人とも自覚していました。

Chapter

2 「ほめる」の扉を開ける

ミゲル流「ほめる」のメソッドは、

頭をフル回転させ、心で実行する教育法。

失敗を恐れ、自信をもてない日本人のハートを鍛え、

トライ＆エラーを習慣にし、

チャレンジする勇気と決断する力を養うためのものです。

「ほめる」がもたらすメリットを伝えながら、

私が考える「ほめる」とは何かをひもときます。

「ほめる」が必要な理由

どうして「ほめる」のか。

この疑問に一言で答えるとしたら、「トライ＆エラーを怖がらずにできるように習慣づけるため」です。日本人にとって、失敗は悪。自分の考えでチャレンジして誰かに責められることを恐れています。他人の指示を待ち、他人から評価されることを期待しています。

もし大人が重要な仕事で過ちを繰り返せば、職を失うかもしれません。試合のたびにミスを連続したら、選手にはチームを去ってもらうことになるでしょう。しかし何かを習得するプロセスにおいては、トライ＆エラーが欠かせません。失敗から学ぶからこそ、ここぞという場面で最良のパフォーマンスができるようになるのです。

そして子ども時代とは、丸ごと「プロセスの時代」と言い換えることができるでしょう。将来のためにトライ＆エラーを繰り返しながら、自分で判断する力をつける時期です。まずは自分の経験や知識をフル活用して、「ああしてみよう」「こうしたらどうかな?」と考え、表現できるようにすること、次に、その表現の質を少しずつ高めること、さらに自分の適性や得意分野を知り、極めていくこと、そのプロセスの中で決断力にいっそう磨きをかけていくこと。これらすべては、トライ&エラーによって育まれていくのです。

「ほめる」を形成する3つのプラン

「ほめる」とは、のべつまくなしに「いいね、いいね!」とおだてることではありません。思いつきや行き当たりばったりの行為ではなく、あくまでも物事を習得させるメソッドです。そこには理論があり、子ども一人ひとりをよく見て、細やかな技術で丁寧に接しなくては意味がありません。

メソッドとしての「ほめる」には3つのプランがあります。その3つのバランスをとりながら、子どもにポジティブに働きかける。それが「ほめる」のアクションへとつながります。

では、3つのプランを1つずつ説明しましょう。

プラン1　タイミングを押さえる

1つ目は、ほめるタイミングをとらえるということ。「どの段階で、どんな子どもの、何をほめるのか」をしっかり考えます。

自信のレベルが低い段階では、ほめることに重点をおいて接します。また、よい習慣をつけさせたいと思ったときにも、やはりほめる場面を多く設けます。たとえば、人間としての基本的な価値観や道徳的な行いを理解してもらいたいとき、生活のルールを身につけさせたいときなどは、ほめることがその習得へ向けて背中を押すことにつながります。そしてポジティブな気持ちで何かを習得すれば、次のステップへ進むための自信がつくのです。

あとは、スポーツや楽器の演奏、学校での勉強などで、できるようになってほしい課題があるときは、課題をクリアするまでのステップとして、いくつかの小さなチャレンジを取り入れます。そしてひとつひとつのチャレンジに成功したら、ほめる。それを繰り返すことで階段を登っていき、最終的にできなかったことが、できるようになります。

プラン2　ほめずにスルー

２つ目のポイントは、「ほめない」こと。矛盾するようですが、ほめてもいいような場面でも、あえて何も言わずにスルーします。これも子どもたちが今どんな状況にいるのか、よく観察することが大切です。

サッカーやフットサルの指導をしていると、技術がある程度のレベルに達していて、ほめられ慣れてきている子どもがいることに気づきます。「ほめない」というアプローチはそういう子どもたちに有効です。

レッスンではそのときどきで挑戦するテーマを掲げます。たとえば、「ゴールを決める」というテーマで練習しているとき、最終的にゴールは決まらなかったけれど、その前のドリブルやパスがすごくうまくいったとします。どんなに鮮やかに相手を抜いたとしても、それは今、集中してやってほしいこととは違うので、あえてコメントはしません。ほめるのはゴールを決めたときだけです。スルーされると子どもは「何をやってもほめられるわけではないんだ」ということに気づくでしょう。

特に日本人は、課題が複数になると混乱してしまうことが多いようです。これは子どもだけでなく、大人の選手たちにも言えること。シンプルなテーマをひとつに絞って繰り返し、できるようになったら次に進むほうが有効です。そういう意味でも、テーマに忠実に「ほめる」を実践していきます。

また、ほめられると「自分はすごい！」「何をやってもうまくいく」と自分を過大評価してしまう子どもがいます。ただでさえ子どもはエゴをもちやすい生き物。特にスポーツでは気持ちが高揚して、調子に乗りやすいのかもしれません。そういう子どもに対しては、特に「ほめる」と「ほめない」のバランスに気をつけなくてはなりません。

プラン3　方向修正は慎重に

ミスばかりが目立ち、その上、そのミスを改めようという態度が見えない、全体の雰囲気が悪いほうへいく流れを断ち切るのが難しい、と感じたときは、指導者は大きく舵を切る必要があります。そんなときには思い切って一喝します。大声で怒鳴る、叱りつけることでチームの士気を高めるのです。

ただしこのアプローチは、大声で叱る甲斐があるかどうかの判断があってなされること。そのタイミングは十分に吟味されなくてはなりません。なぜなら、怒鳴る回数が増えれば増えるほど、人は怒鳴られることに慣れてしまうから。語気を強めれば最初は驚きますが、それが続くと「また怒鳴っている」「あの人は怒鳴るタイプの人なのだ」と思うだけで、舵を切るほどの効果はなくなってしまいます。たとえるなら、喝のアプローチは弾倉が6つしかない拳銃のようなもの。本当に必要に迫られたときに使うべき手段で、決してマシンガンのように打つべきではありません。事実、私がこの手段を用いるのは、年に1度あるかどうかです。

以上の3つのポイントを、バランスをみながら一人ひとりに適用していきます。それが私の考える「ほめる」のプログラムです。そのバランスをどうとるかは、とても個人的な感覚で、私がA君に用いるバランスと、別の指導者がA君に用いるバランスは必ずしも一致はしないでしょう。

しかし、サッカーのコーチが、あるいは学校の先生が、そしてお父さん、お母さんが、しっかりと子どもを観察しながら、この3つのバランスを考えて子どもと接することは、子どもの自信を育み、何かを習得させる上で、大きなメリットがあると思います。

育まれる信頼と責任

さまざまな子どもたちにサッカーやフットサルを指導してきましたが、どこへ行っても必ずと言っていいほど、打ち解けるのに時間がかかる子どもがいます。1章で述べた「殻の硬い子どもたち」です。私がジョークを言っても笑わず、練習が始まっても緊張した表情のまま、スキンシップを嫌がり、話しかけても反応がない。友達同士のコミュニケーションもほとんどないし、実力があってもそれを実際のプレーに生かすことをしない。まるで、自我を出すということを恐れているように見えます。そういう子に必要なのは「プラン1」ですが、その前に、「硬い殻」を外す必要があります。

私はまず、その子をその日の練習のアシスタントに任命します。最初はびっくりしてとまどうかもしれませんが、サッカーが好きで練習に来ているのですから、監督のアシスタントを務めることは嬉しいし、誇らしい気持ちになります。また必然的に彼とコミュニケーションをとるチャンスが増えます。これで殻の問題は解決することがほとんどです。

練習中は、その子がいいプレーをしたらほめます。練習をいったんストップし、大きな声で、全員に聞こえるようにプレーのいい点を指摘します。公にほめられることで、その子は仲間に承認されたと感じ、自分には価値があると思うでしょう。その子の中にある自信のタンクが少しずつ満たされていきます。

もちろんたった一度の出来事で、シャイな性格が直るわけではありません。しかしその子のプレーを認め、ほめる。スキンシップやポジティブな言葉がけという愛情は、自信となり、周りとの信頼関係を築く足がかりとなります。

ひどく硬い殻をもっていたある少年は、私とのレッスンの後、下の学年の子どもたちの面倒をみるようになったそうです。練習の道具を準備したり、ウォーミングアップの手伝いをしたりと、彼は少しずつリーダーシップとは何かを理解し、年下の子どもたちへの責任を感じるようになりました。自信がついたことで、同学年の仲間とのコミュニケーションもずいぶん増えました。

ほめるというポジティブなフィードバックは、子どもたちとのレッスンだけでなく、日本代表チームに対しても本質は同じです。選手たちをフィールドで指導するとき、あるいはロッカールームでアドバイスするとき、そして試合の最中や試合の後にも、「3つのプラン」のバランスは常に意識していました。

試合前のチームのミーティングでは、全員が耳をすませている中で、ひとりの選手について話をすることがよくあります。「君がボールを持てばきっと抜けるんだ。自信をもとう。みんなも彼にもっとボールを集めよう」。みんなの前でそう言うと、言われた選手は自分を信じる力を得ることができるし、他の選手は彼を認めながら、自分も頑張ろうと思えます。

失敗をほめる

試合では当然、負けることも引き分けることもあります。以前、4点リードしていながら、相手チームに追いつかれて引き分けになってしまった試合がありました。しかし、追いつかれたとき、彼らはそこで投げやりになるのではなく、奮起してよいプレーをすること、勝つことを諦めませんでした。

だから試合終了後、私は彼らにこう話しました。

「最後まで諦めず、よいプレーをしようと努力したんだ。立派だったよ」

もちろん、追いつかれてしまったことへの課題はたくさんあります。しかし、それは練習にフィードバックして克服していけばいいことです。もし私がこのとき、逆のアプローチをしていたら、どうなっていたでしょうか。

「4点もリードしていたのに、情けないと思わないのか！　同点なんかじゃない。これは負けたのといっしょだぞ。優勝なんて無理に決まってる！」

引き分けた試合が選手にもたらす影響は、まったく違ったものになったでしょう。もちろん後者のようなアプローチがまったく機能しないかといえば、そうではありません。私も声を荒らげ、「優勝する気があるのか！」と一喝することはあります。これは「プラン3」。つまり意気消沈した選手たちを奮い立たせて「俺たちならできる！」という雰囲気にもっていくために用いられる手段なので、選手たちをなじって落ち込ませるためではありません。

そもそも失敗してしまった選手は、自らの至らなさを十分にわかっています。彼の顔を見れば、それは一目瞭然。だからその傷口に塩を塗るようなことはしません。私は肩に手を置いて、こう言うだけです。

「心配するな。君はしっかりプレーできる力をもっているんだ。落ち込む必要なんてないよ」

監督である私の役目はミスをしてしまった選手のやる気や自信を損なわず、さらに次のシーンで自ら決断することを促すことなのです。

ほめると図に乗る？

サッカーのセンスがある子どもの中には、ほめるとあっという間に自信レベルが満タンを示し、「自分が一番うまい」と天狗になるタイプもいます。試合ではスタンドプレーが目立ちます。課題をすぐにクリアしてしまうため、ただほめるだけではモチベーションを保ち続けることが難しかったり、常に勝つのが当たり前で、失敗すると、すぐにやけになることもあります。

しかし、天狗になっているからと、むやみに厳しく接したり、いいプレーをまったく無視してしまえば、やる気を失ってしまうかもしれません。

そういう子には「プラン2」で対応しながら、一段上のレベルを用意すると効果的です。たとえばサッカーなら、上の学年のチームに入れてみる。すると常に勝つというのは難しくなり、ほとんど負け、でもたまに勝てる、という状況になります。上級生をドリブルで抜いたとか、自分が出したパスがゴールにつながったとか、たまに小さな「勝ち」が訪れるようになります。それをほめながら、上のレベルで踏ん張る力をつけるのです。

高いハードルと向き合えば、人は今の自分の限界を知り、自制する心が芽生えます。その中で自信を失わないように配慮し、成功を体験させていきます。

単に負け慣れるのではなく、勝利と敗北をバランスよく体験させることは、精神的にも成長し、もちろん技術のレベルアップにもつながります。

「ほめると子どもが図に乗る」のではありません。指導する大人がしかるべきステージを用意し、ステップを踏ませることを怠ることが原因なのです。

子どもを「見る」ことの大切さ

サッカーもフットサルもミスがひんぱんに起こるスポーツです。スポーツにミスはつきものですが、ミスをしても自分がやりたいようにプレーすればいい、ということではありません。指導者は子どもの能力や適性を見出し、導いていく必要があります。

たとえばサッカーをしていて、「ドリブルが大好き！」という子がいたとします。ドリブルの練習も熱心にしているのですが、試合ではどうしても思うようにはいきません（ドリブルにも向き不向きがあるのです）。しかし、その子をよく観察していると、ボールを受けてすぐにパスを出すセンスがとてもよかったとします。それに気づいたら、練習ではその子のパスがいい流れをつくり、ゴールが決まった瞬間に、いったんプレーを止めます。そしてその子のパスの素晴らしさ、そこからできた流れについて説明し、「いまのゴールの立役者は、○○君のパスだ」とほめます。間違っても「君はドリブルが好きだけど、向いてないからパスを出すことに集中したほうがいいよ」とは言いません。ドリブルがうまくいかなかったときに「ドリブルは無理だからパスを出せって言っただろ！」なんてもってのほかです。

子どもの才能はまだ小さくて、その光はとても弱いことが多いのです。子ども自身がその才能に気づいていないこともあります。ドリブルにダメ出しすれば、その代償として彼はミスを恐れ、縮こまって本来の力を発揮できなくなってしまいます。パスへの適性も、埋もれて見つけられなくなるかもしれません。ドリブルが苦手なことにフォーカスするか、得意なパスをほめるのか、どちらがその子のやる気を引き出すかは、はっきりしているでしょう。

子どもたちを指導するというのは、川で砂金を探すような、もしくは鉱石からダイヤモンドを削り出すようなものです。よく観察して小さな光を見つけ出し、その光を引き出して大きく育てていきます。

「どうやってその光を見つけ出すのですか？」と聞かれることがありますが、そのためには子どもに接し続けることです。サッカーチームの監督やコーチなら、まずはフィールドの内側に入ってください。子どもをそばで見て、いいプレーをしたら、「いまのパス、すごくよかったよ」と、プラスのフィードバックをする。

繊細な作業ですが複雑ではありません。うまくできたら、「うまくいったね」と言う。やることはいたってシンプルなのです。

出会いから生まれる才能がある

最初は小さくて弱い光だったけれど、それを指導者に発掘され、本人も徐々に自覚してさらに光を放ちながら、やがて素晴らしい宝石になる。世界の一流プレーヤーを見ていても、そういう例は少なくありません。有名選手のインタビュー記事や自叙伝を読めば、学校の先生やユース時代の監督に「あなたにはこういう得意なことがある」と言われたことがきっかけで、才能を開花させていったというエピソードを読むことがあるでしょう。「あの一言がなければ今の成功はないかもしれない」と。もちろんスポーツ選手に限りません。勉強や芸術の分野においても大いにありえることです。

私にも将来を左右する3人との出会いがありました。ひとりはホルスト・ヴァイン氏。長くバルセロナに暮らしていたドイツ人の教育者で、特にサッカーにおける育成年代の指導についての権威でした。大学時代に彼と出会って、自分で考えながらプレーするというインテグラル・トレーニングの重要性を学びました。また子どもには、それぞれの年齢に応じたトレーニングが不可欠で、6歳の子どもに10歳用のトレーニングをしても効果が得られないこと、さらに子ども一人ひとりに気を配る必要があることを教わりました。

確かに日本では、根性と気合いで精神を鍛え、成功してきた大人は多いのかもしれません。でも、謙虚と根性だけでは伸ばせない面もあるし、逆に枷《かせ》になる場合もあることも事実です。人は個々で違うということを心に留めて、子どもは自分とは別の人格だと認めましょう。

監督なら、攻撃型のチームにしたいとか、守りを堅くして失点のないチームがいいとか、それぞれの理想や志向があってよいでしょう。でもそれ以前に大切なのは、「選手一人ひとりがどんな性格で、どんな強みをもっているのか」を知ることです。それをベースにした上で、個々に合ったプランやバランスを考えていいところを引き出し、高めて、最終的に強いチームを作り上げていくべきでしょう。

監督が自分の志向ありきで、それに選手を従わせようとするのは大きな勘違いです。これはスポーツの世界だけでなく、親子関係でも言えること。自分が厳しく育てられたから、わが子にも厳しくするというのは、やり方によってはうまくいくこともあるかもしれませんが、まったく功を奏さないこともあります。同じように、ほめることにおいても、どの子にも同じほめ方をすればいいというわけではありません。

子どもの磨き方は子どもの数だけある、ということを肝に銘じてください。

よくないほめ方

明らかに「ほめる」の使用法を誤っているケースがあります。それは、何かを達成させようとしてほめる場合です。まだ起きてもいない出来事に対して可能性をほめるのは、無意味ですし、悪い影響を与えることもあります。

ほめるとは、常に起こったことに対するフィードバックでなくてはなりません。挑戦したこと、できるようになったこと、あるいは努力したことに対してなされるアプローチ法なのです。ですから、「あなたなら絶対できる」「あなたには才能がある」と言えば、自信が湧いて何かに挑戦するようになるかも、努力するようになるかも、と期待するのは本末転倒です。

子どもをしっかり観察せずに、何かに挑戦させる機会もつくらずに「ほめればできるようになるんじゃないか」という安易な考えで、とりあえずほめるのはやめましょう。それを続けていけば、最終的には自分で自分をほめるような人間になるでしょう。根拠もないのにほめられてきた子どもは、根拠もないのに自信過剰に育つかもしれません。

可能性に対して、フィードバックはできません。

やる気が見えないとき

素晴らしい能力があっても、やる気が長続きしない選手がいます。特に海外では、クラブチームから代表チームに選手を招集するとき、能力だけでなく選手の人となりが重要になります。

心理学に「リンゲルマン効果」という綱引きの話があります。1対1では100％の力を発揮するのに、3人、4人と増えると出す力が減っていき、8人になると、1人当たりが出す力は50％以下になってしまうのです。

チームを作っていると、真っ先に綱引きで力を抜く選手がいることに気づきます。情熱や意欲を心のうちに留めておくのが得意ではないタイプです。モチベーションを保てるようなアプローチをしても改善されない場合には、チームから去ってもらうしかありません。

しかし日本では、最後まで100％の力を発揮しようとする選手がほとんどです。損得ではなく、目標に向かって使命感をもってプレーするピュアな心をもっています。監督として、とても嬉しいことです。

サッカーチームに所属する子どもたちも、もともと情熱やモチベーションをもって集まっているので、冷めている子、やる気が見られない子はほとんどいません。でも、あるとき「どうやったらサッカーが好きになれるんですか？」と質問され、驚いたことがありました。

私は「自分がうまくできることに集中して、うまくいったことに喜びを感じること」と答えましたが、よく聞けば、「サッカーは親に言われて始めた。本当は乗り気じゃないんだ」と言うのです。

これに対し、私の本心を言えば、「サッカーに乗り気じゃないなら、他に熱中できることを探してみよう」。親がやらせたい、ではなく、子どもがやりたいというのが大前提です。それをサポートするのが親の役目だと思います。習い事でやる気が見られないときは、ほめる以前に「本当にやりたいかどうか」を話し合うことも必要です。

一方で、子どものやる気を削ぐようなことを言う大人もいます。

私は子どもたちにいつも質問します。「サッカーの代表選手になりたい人は？」と。すると、積極的な子どももシャイでうつむいていた子どもも、ほとんどが手を挙げます。子どもは夢や希望をもつ天才なのです。

しかし、「代表選手になりたい！」と目を輝かせる子どもに「今のままじゃ無理だろうな」と、さらりと言ってのける指導者もいます。

これは小学生ぐらいの年代の子どもにかけるべき言葉ではありません。指導者だけでなく、お父さん、お母さんも同じです。夢をもつことは、叶うか叶わないかにかかわらず、何かを習得するモチベーションになります。自分に適性があるかどうかは、いずれ子ども自身が気づくこと。10代も半ばになれば、自ら限界を感じて軌道修正するでしょう。

子どもの将来への橋を早々に外すべきではありません。子どもが自分で橋をかけ、渡っていく手助けをするのが大人の役目です。

挫折への対処

大きなミスをした選手が、自分では立ち直れないほど落ち込むことがあります。それを立て直す助けになるのは信頼関係です。それまでに、監督である私はその選手にとって、信頼に足る人間になっていなくてはなりません。

同時に、選手自身が誰かを信頼する力をもっていることも大切です。

私は、ミスや自信を失うもとになっていることには触れません。大切なことは2つ。ミスをしても、私からの信頼は失われていないとわかってもらうこと。そして、そのことを他のメンバーにもきちんと伝えて認識させることです。そして、選手が自分で自信を再構築できるように、うまくできていることをクローズアップしていくのです。

自信を取り戻すことができたら、大事な試合を経験させます。彼の中に、そしてチーム全体に何が起きているのかを言葉で表現するのは難しいのですが、それが往々にして大きな成功に結びつきます。

ミスがどういうものだったのか、また選手の性質にもよりますが、落ち込みを克服した経験は、次に失敗を犯したとき、今度は自分で自分を回復させる心の筋肉がついている可能性は大きいでしょう。

サポートするタイミングも重要です。落ち込んでいる選手を「自分で立ち上がるだろう」と放置してしまうと、深みにはまって自信を取り戻すのにとても時間がかかることがあります。スペインでは「井戸に落ちる」と表現しますが、とても深い井戸に落ちると、地上に上がってくるのは難しい。

ですから指導者は、選手をよく見て、早い段階で手を差し伸べることです。そして選手は周りを信じてＳＯＳを出す勇気をもたなくてはなりません。

子どもが落ち込むときは、その瞬間に見せるそれぞれの人格があります。集団の中で、リーダー的な人気者のタイプか、シャイで孤立しているタイプか、笑いをとるムードメーカータイプか…。落ち込んで立ち直るのに時間がかかるのは孤立タイプです。人気者タイプやお笑いタイプは、比較的早く自信を取り戻します。それは他者と関わりがある、つまり仲間が多いから。本人もＳＯＳを出すことに慣れているし、周囲もそれを支えようとします。相乗効果で立ち直って、次のステップへ進めるのです。

日本で指導していると、シャイでチームの中で孤立している子が目立ちます。指導者は「彼の性格だから」と放っておかないこと。いいタイミングでアプローチし、プレーを通して仲間と信頼関係を築く橋渡しをするべきです。

目標までの努力を支えるためには

自分も周りも無理かもしれないと思っていたことを頑張った末に達成したとき、人は大きな喜びを得ます。たとえば仕事なら大きなプロジェクトを成功させたときや、昇進や昇給したときなどです。大人はその最終目標のために、苦しくても努力を積み重ねることができます。それは大人になるまでに、すでに「努力↓成功」という体験をしていて、頑張ればうまくいくという結果をイメージできるから。だから「石にかじりついても」というのが可能です。

しかし、子どもは圧倒的に成功の体験が少ないため、つらくて退屈でも、それを我慢して続けていれば達成できるんだ、と思い描くことはできません。

仮に何かを獲得しても、つらかったことが強くインプットされるあまり、それが成功体験として認知されないこともあります。もし達成できなければ、ひどく落ち込み、無気力になることもあるでしょう。

子どもが努力を継続できるのは、最終目標へ向かうステップごとに、小さな喜びや充実を感じられる場合です。これは非常に大切なのですが、その小さな成功体験の積み重ねは、必ずしも最終目標の達成に結びつくわけではありません。スポーツなら練習のたびに小さな習得があり、それに喜びを感じて上達してきたとしても最後の試合に勝利できるとは限りません。楽器の演奏なら、本番でちょっとしたミスが起こるかもしれません。

しかし、小さなステップごとに喜びや満足を得ていれば、努力の過程そのものが大きな成功の記憶としてインプットされます。希望どおりの結果ではなかったかもしれないけれど、その道のりは正しい方向へ続いていくでしょう。結果だけに注目せず、その過程こそを認め、ほめてあげるべきです。

成功を感じられるトレーニング

「ステップを積み重ねて成功に導く」というと、ひとつひとつのテクニックを反復練習によって習得することを連想するかもしれません。たとえばサッカーでは、リフティングだけをひたすら練習する、決まった位置からゴールを何本も練習する、という「切り抜き」のトレーニングです。日本人は我慢強いので、この類のトレーニングは得意で、実際に驚くほど正確にこなす子どもたちもいます。しかし、サッカーは相手あってのスポーツ。周りに誰もいない状態で、リフティングやゴールを決めるシーンは、試合中には訪れません。「切り抜き」の反復練習は、試合で生かすことが難しいのです。

ですからテクニックを身につけるための練習メニューを行うとしても、必ず試合を想定したものでなければなりません。対する相手がいて、「今、自分の目の前でこれが起こっているから、こういうプレーをする」という認知・決断・行動をスムーズに行えるようにする練習をしてこそ、試合で成果を発揮できるようになるのです。また、子どものトレーニングなら、年齢に応じた遊びの要素を取り入れることも必要になります。

これはスペインでは「インテグラル・トレーニング」と呼ばれます。ひとつの行為だけを切り抜いて反復するのではなく、試合で起こりうる状況を丸ごと切り出し、その状況に対応することで、習得させたいスキルを身につけられるようにするのです。

インテグラル・トレーニングでは、自ら考え、判断することを求められます。子どもが決断したという事実に対して、指導者は「ほめる」のアクションをとります。そしてトレーニングで習得したスキルが自然と試合に生かされるようになるのです。これなら「試合で自分のもっている力を発揮する」という目標へのステップが退屈だとは感じません。

子どもたちを指導していると、彼らは単にほめられることを喜ぶのではなく、自分で決めることが好きなのだと実感します。その決断を認められるから嬉しいし、自信がつきます。大人はそれを理解して行動すれば、子どもは決断する力を伸ばすことができるでしょう。

さらに、子どもを指導する上で心がけていることが2つあります。

1つは、子どもたち全員が、練習中に1度はゴールを決めること。サッカーでは、ゴールを決めるというのは最もインパクトの強い成功体験です。ゴールしたという満足をお土産にします。

２つ目は「明日もまたここで練習したい」という気持ちを残した状態で練習を終えること。気力・体力が擦り切れるまでハードなトレーニングはさせない、ということです。退屈で過酷な練習は、終わった後にはそれなりの充実感があるかもしれません。しかし、いざ次の練習の日がくると「今日は行きたくないいな」と思ってしまうことも多いのです。この２つは、大きな達成までの頑張りを叶えるために、おろそかにできない要素です。

スポーツから学べること

スポーツには、からだの健やかな成長を促す他にも、さまざまなよい面があります。特に子どもたちには何かグループ競技をしてほしいと思います。

なぜならスポーツをすることで、人生においてこれから起こるさまざまなことへの準備ができるからです。

プラス思考に触れることで、落ち込んだときに自分を立て直す力が身についたり、仲間との関わりから信頼や責任とはどういうことなのかを理解するきっかけになるでしょう。

才能を伸ばし、自分の考えをしっかりともちながらも、勝利のためには自分の力をチームのために生かす犠牲心が必要です。審判や対戦相手を尊重することで、フェアプレーの行動や精神とは何なのか身をもって知ることができます。失敗から学ぶことで、たとえ成功しなかったとしてもチャレンジする意義を見出すでしょう。言われたことをこなすより、自分で考えて決めることが楽しいと気づくでしょう。

スポーツから得られる経験は、子どもたちが社会に出たとき、仕事や人間関係において大いに役に立つはずです。

家庭で「ほめる」を実践するために

7年前に来日した当初、「ほめる」の大切さを論じても懐疑的な人が多くいました。根気強く説明を繰り返し、また、自分自身が実践して結果を出すことで、私の周囲ではその方法が支持されるようになってきたと感じています。今では、スポーツでも教育の現場でも、ポジティブな働きかけの重要性はすでに知られているでしょうし、何を獲得させたいかがある程度はっきりしているので、「ほめる」のメリットも実感しやすいのだと思います。

しかし、こと子育てに関しては、ガイドラインもなければライセンスもありません。ひと口に「習得させたいこと」と言っても、それは星の数ほどあって、何をベースにしたらいいのか、どこから取り掛かればいいのかという問題が生じます。そこで私が「3つのポイント」とか「バランスをとりながら」と言っても、それを唐突に家庭生活に取り入れようとすれば、お父さん、お母さんは途方にくれてしまうでしょう。

日本ではマニュアルに忠実なことがよしとされたり、人と同じであることを求められる文化があります。しかし人を育てるというのは、その対極にあることです。誰にとっても有効なメソッドは存在しません。「ほめる」のメソッドも、その極みは一人ひとりをよく見ること。それに応じて3つのプランのバランスを変化させることにあります。

まず大切なのは、子どもをどう育てたいのか、何から獲得させたいのか、どんな行動をさせたいのか、その道すじを確認することです。夫婦で「わが家の規範」について話し合いましょう。そして自分たちの常識の範囲で、どこまでが適切でどこからが過剰なのか、自分たちの感覚でバランスをとりながら「ほめる」を実践してみてください。くれぐれも「よし！　今日からほめるぞ！」と気合いを入れすぎて、過剰にほめたり、すぐに結果を求めたりしないこと。「ほめる」はメソッドなので、冷静になって理解し、経験を積んで徐々にできるようになるたぐいのものです。最初からスピードを上げずに微調整しながら、子どもをよく見て、ゴールを意識して走りましょう。

Advice

「ほめる」メソッドのまとめ

「ほめる」とは、挑戦したという事実に対してなされるアプローチである。

「ほめる」には3つのプランがあり、大切なのは3つのバランスである。

「ほめる」の効果は、つぶさな観察と才能の発掘があってこそ発揮される。

「ほめる」のバランスは、相手によって変えるべきものである。

「ほめる」メソッドの習得には、相手への理解と、経験が必要である。

Columun
2

“切り替えスイッチ”という意志をもとう

私はストレスに強いタイプだと思いますが、もちろん家の外で嫌なことが起こることもありますし、忙しくて疲れていることもあります。

そんなときは「ただいま」を言う前に、玄関のドアの外で自分にこう言い聞かせます。

「今日は嫌なことがあった。でも玄関のドアを開けたら、私は2人の子どもたちのお父さんだ。外であったことは、ここに置いて家に入ろう」

そして深呼吸をひとつしてから、笑顔でドアを開けるように努めています。

残業が多くて疲れていたり、仕事でうまくいかないことがあったりすれば、家で子どもたちの話を親身に聞いたり、遊び相手になるのはしんどいでしょう。家事や子育てをひとりで切り盛りして時間に追われていれば、子どものちょっとした悪さに思わず爆発してしまうのも当然のことかもしれません。

私にもそれはよく理解できます。しかし、だからといって子育てに必要なことが変わるわけではありません。子どもをよく見て、彼らの話に耳を傾けるべきですし、悪さをした子どもを怒鳴りつける前に、いったん頭を冷やして平常心を取り戻さなくてはなりません。

子どもと関わる大人は、自分の気分をさっと切り替えるスイッチをもつべきだと思います。簡単なことではありませんが、スイッチを意識して、パチンと切り替える努力をしましょう。

Chapter

3 ミゲルパパの子育て

私には小学校高学年と低学年の２人の息子がいます。
わが家の子育ての土台は、親密なコミュニケーション。
その土台の上で、何かを習得させたり、
悩み事を解決する手助けをしたり、
よくない行いを戒めたりしています。
きょうだいでも性格がまったく違うので、
一人ひとりをよく見て、対処を考えることも大切です。

コミュニケーションの時間はどこ？

日本に来て驚いたことが2つあります。1つは、大人も子どもも非常に忙しそうだということです。

まず、お父さんが夜遅くまで働いていて家にいないので、家事も子育ても、家のことの一切をお母さんが引き受けています。共働きの家庭なら両親は夜まで不在です。その間、毎日塾や習い事に通い、家に帰ると学校と塾の宿題やらピアノのレッスンやらに追われる子どもたち。反対に、コンビニで好きなものを買って食べ、制限なくゲームで遊んだりテレビを見たりと、親のいない自由を謳歌している子どももいます。しかし中には、危ないからとか、塾があるからと、公園で遊ぶことを禁じられている子どももいます。

もう1つは、公園やショッピングセンターなどの公の場で、3〜5歳くらいの子どもが大声で泣き叫んだり、手足をバタつかせたり、ひっくり返って何かをねだる場面をよく見かけることです。まるで大げさな演技のように見えます。そしてどうやら、お父さん、お母さんはその盛大な駄々に根負けすると、公園でもう少し遊んだり、お菓子やおもちゃを買ってあげたりと、子どものわがままを叶えてあげているようです。

どちらの状況でも、コミュニケーションがとても不足していると感じます。日本人がコミュニケーションが得意ではないのは、奥ゆかしいとか恥ずかしがり屋という性質以外に、自分の気持ちを表に出して他人に伝える習慣がなく、またその時間もないからだと思います。

今の日本の大人たちは、あまりにも疲れているように見えます。家族でコミュニケーションをとったり、子どもにルールを守らせる時間だけでなく、体力も気力も少ないのではないでしょうか。そうかと思えば、子どもを辛辣な言葉で、たたみかけるように叱りつけたりします。

私は、子どもはオープンに気持ちを表すものだと思っていたのですが、日本では感情を示したり、自分の考えを相手に伝えようとしない子が圧倒的に多いのが気になります。大人がしていないのですから、子どもたちはどうやってコミュニケーションをとればいいのかわからないのかもしれません。

子育ての土台は親密なコミュニケーション

一方、スペイン人はおしゃべりが大好きです。当たり障りのない会話、というよりは自分の考えを伝え、相手はそれに意見を述べます。感情も大いに表現します。子どもたちも思ったことを言葉にすることが習慣になっています。それは決して相手を攻撃することとは違います。

私は帰宅したら、子どもたちに声をかけます。部屋をノックして「宿題ははかどってる?」と聞いたり、「いっしょにおやつを食べよう」と誘ったりします。時間があれば、いっしょにDVDを見て、それについておしゃべりをします。寝るときには今日一日の出来事を聞きます。学校でできるようになったこと、腹の立ったこと、ときには悩んでいることを聞いて、いっしょに喜んだり解決策を考えたりもします。

大切なのは、子どもたちが小さなころから家族でコミュニケーションをとることで、「話をしながら、いろいろなことを解決できるんだ」と実感することです。お父さん、お母さんと子どもたちの間に信頼関係をつくります。

それぞれの家庭の常識や基準、子どもたちに教えたい道徳的な規範、守ってほしいルールなども、親が一方的に決めて教え込むのではなく、普段のコミュニケーションの中で、伝え、学ばせるべきことだと私は思います。

また家庭では、当然「しつけ」も必要です。しかし一方的に何かを押しつけたり、小言を繰り返したり、大声で批判するのがしつけではありません。何も身につかないどころか、子どもは心を閉ざしてしまうでしょう。

しつけとは、子どもを導くこと。それも普段の親密なコミュニケーションの土台があるからこそできるのです。

基本的な習慣を身につける

子どもによい習慣を身につけてほしいとき、その項目を明確にすると効果的です。また、取り組むべき事柄は少なめに設定しましょう。あまり多いと、すべてを実行するのが難しくなるからです。

わが家には小さなホワイトボードがあり、そこに取り組みたい項目の表を書いています。子どもたちができたかどうかは、一日の終わりに私が確認し、できたときには表にチェックをつけます。子どもたちはホワイトボードにチェックがつくのが嬉しいので、モチベーションを保つこともできます。

食べたら歯を磨く、外から帰ったら手を洗う、という基本的な生活習慣もこの方法で小さなころから少しずつ身につけました。しばらく続けて完全に身についたら合格です。その後は、食事が終わったら食器を下げるといったお手伝いや、勉強やおもちゃで遊んだ後の片付けに取り組んだこともありました。

日本に来たときは、英語と読書に取り組もうと決め、毎日チェックしていました。ホワイトボードにチェックをするときは、子どもたちに必ず声をかけます。「連続3日できているね！」など、ほめるアプローチです。実際に取り組んでいる場を見たときにも「できるようになってきたね」「ほら、ホワイトボードにチェックしよう！」などと伝えました。

生活習慣や勉強などの取り組みには、身についた時点でご褒美を出すこともあります。好きなお菓子をおやつにしたり、夕飯の食卓に子どもの好物を出したりと、ささやかな「賞」です。反対にサボることが続けば、子どもたちは好きなテレビ番組やゲームをする時間を失うことになります。

何かに取り組む前からご褒美をチラつかせたり、「できなかったらテレビ見せないからね」などと脅すのは、まったくの逆効果です。

Point

「めあて」は少なく明確に。できていたら、それを認める声かけを。

長期で取り組むべきこと

人生において大切な価値観や、道徳的な規範を身につけることにも取り組んでいます。ホワイトボードにも書きますが、語呂のいいフレーズにして、状況に応じて言って聞かせます。

これまで４つのテーマに取り組んできました。

１つ目は、「自分がされたくないことは人にしない」。これは最も大切にしてほしいことのひとつです。きょうだいゲンカが起きたときには、想像力をはたらかせて相手の立場に立つようにと、繰り返し話して聞かせます。

２つ目は、「今日やれることは明日に伸ばさない」。特に週末は時間があるので、「明日になったら2日分まとめてやるよ」とよく言います。それを許していると、問題を先延ばしにする大人になるのではないかと思えるのです。ですから、その日の分はその日のうちに終わらせるように促します。

３つ目は、「自制する強い心をもつ」。わが家の次男は欲しいものがあると

「買って」を繰り返していましたが、必要がなければ泣いても決して与えません。今では「家に同じようなものがあるからいらないよね」と買わない理由を言えば、伝わるようになってきました。

4つ目は、「人にあげるものは余っているものではなく、自分にとって大切なものでなくてはならない」。たとえば、次男はカードゲームに熱中していて、とても珍しいカードを持っていました。仲のいい友人とカードを交換することになったとき、彼はその珍しいカードを欲しがっていた友人に渡しました。

ここでは、ご褒美やお仕置きはふさわしくありません。あくまでも自発的に、心の深い部分で理解して、長い時間をかけて体得しなくては意味がありません。

Point

人生で大切なことをフレーズ化。その場面に向かい合うたびに、丁寧に説明する。

毎晩のようにせがまれた、自作の物語

子どもたちが寝る時間には、寝室でいろいろな話をします。長男が幼稚園のころから10歳になるころまで毎晩のように続けていたのが、自作の物語を聞かせることでした。その日の出来事や、ニュースで見た内容を物語風に仕立てたり、もともとある昔話をアレンジして、伝えたい価値観を織り交ぜたりしたものです。登場人物の名前も、そのときどきで適当に決めます。あるとき、知り合いのサッカー選手の名前を思い出して、「ワタナベ姫」を登場させました。なぜか子どもたちは気に入って、今でも「ねえパパ、ワタナベ姫の話をしてよ」とせがまれることがあります。そのお話は、こんな具合です。

ワタナベ姫は年頃になって、結婚相手を探さなくてはなりませんでした。姫は『決して老いない』という不思議な力をもっていました。姫と結婚できるのは、永遠の若さを得ることができる宝の壺を見つけた人だけです。

その壺を見つけるために、候補者の王子たちは、まずは3つの問題に挑戦

します。1つ目の問題は、15－5！（こんな具合で計算問題やクイズを出題します。すると息子たちは競って答えます）。その後、立派な馬が現れます。その背中に乗って旅を続けると、とうとうひとりの王子が宝の壺を見つけます。永遠の若さを手に入れ、めでたくワタナベ姫と結婚しました。壺の蓋を決して開けないという約束があったのですが、王子は中に何が入っているのかどうしても気になり、ある日、壺の蓋を開けてしまいました。すると、永遠の若さも、姫も失ってしまったのです。

そして、最後に「好奇心をもつのは大切だけど、ときには取り返しがつかないことになる場合もあるんだよ」と言って締めます。

ご存じのとおり、『浦島太郎』のパロディですが、子どもを物語に参加させたり、アドリブを盛り込んで話すと、喜んで聞き、印象に残りやすいのです。

Point

物語の中に伝えたいことを盛り込む。

一日の出来事を聞きながら

ふたりが小学生になってからは、就寝前のひとときは今日の出来事を聞く時間でもあります。学校で新しく習ったことや、先生にほめられたとか叱られたとか、お母さんと宿題をしたとか、本当にささいなことです。この時間は聞き上手になって、「よかったね」「大変だったね」とシンプルに相槌を打ちながら共感を示し、子どもの思いに耳を傾けます。

その後、「ポジティブ思考のおまじない」をします。

布団に入った直後に、子どもの額に唇を近づけ、すうっと息を吸い込みます。すると子どもは額が冷たく感じます。「ネガティブ思考が吸い込まれた」サインです。その後、息をふうっと吹きつけると額が温かく感じます。これが「ポジティブ思考を吹き込まれた」サイン。小学校5年生の長男は自分から「ポジティブのおまじないをお願い」と言ってくることがあります。次男は毎晩の習慣です。やり忘れると寝室から出てきて「パパ、忘れちゃった。

おまじないして」と言うこともあります。

ひと目見て元気がないとか、話を聞いていて様子がいつもと違うと気づくこともあります。そんなときは、息を思い切り吸い込んで、「あれ？　今日はネガティブ思考がいっぱい入っているよ。何かあったの？」と聞いてみます。すると、言い出せなかった悩みを話し始めることもあります。ひととおり話を聞いて、必要だと思えば、子どもの気持ちに沿ったアドバイスをしたりもします。そしてその後に、たくさん息を吹きかけて「もう大丈夫だよ」。

子どもでも、話したいけど話せない、本当は相談したいけど胸にしまってしまうこともあります。夜のおまじないは、それを引き出してあげるきっかけにもなります。

眠りに落ちる前の時間は、私にとっても、とても貴重なひとときです。

Point

毎日のおまじないで、子どもは安心して眠りにつける。

苦手分野へのアプローチ

長男はまじめで責任感が強く、何事にもコツコツ取り組む頑張り屋です。その分、うまくいかないとがっかりして、落ち込むことも多いようです。ときどき苦手な算数の点数が思わしくなくて、しょんぼりしていることもあります。

2年ほど前に算数が苦手だと悩む長男と話をしたことがありました。

「お父さんも算数が好きじゃなかったんだよ。算数だけは家庭教師が必要だったんだ。算数ができるようになりたいなら、君にできることは人の倍、努力することだけなんだ」

私がそう言うと、彼はショックで涙を流しました。でも私の話を受け入れて、今では自分でなんとかしたいと頑張り、先生にも恵まれ、成績もよくなっています。

それでもときどき、落ち込むことはあります。そんなときは、「苦手な分、時間を割くしかないよね」と繰り返し話します。苦手という事実を飲み込んで、その上で努力を習慣化していく。我慢強い長男は、それができる人格をもっています。

先日、長男が算数のテストを持ち帰ってきました。結果は50問中、44問正解。本人はとても満足して嬉しそうでした。その夜、長男のテストの結果を家族でお祝いしました。みんなで長男の頑張りを認め、喜びを分かち合いました。日々の小さな成功体験、幸せを感じる時間です。

限界を知るというのは、ときに子どもにとって残酷なこと。だからこそ、努力そのものがいい体験となるような、心のこもったアプローチが必要なのです。

Point

苦手を受け入れ、頑張る方向へ導こう。

「しつけ」ってなんだろう？

親がわが子に期待するのは当然のことです。しかし自分の期待が成就されない不満や、されないかもしれない不安から、子どもに何かを強制すべきではありません。子どもが頑張った末の失敗に、「なんであんなことしたの」「なんでできないの」という言葉はふさわしくないと思います。

「もっと子どもをほめよう」と、私生活でも学校や習い事でも「ほめる」メソッドが有効だと言うと、多くの人は「甘やかすと気持ちが弱くなる」「規律が乱れるのではないか」と心配します。しかし怒鳴ったり叩いたりする脅しの手法が、しつけの唯一の方法ではありません。一方、日本では、学校でも家庭でも規律を守らせるための厳しい指導や、激しい叱責が見られるのに、外で駄々をこねる小さな子どもたちの行いには、ずいぶん寛大なようです。

父としての私は、子どもを叱ったり、お仕置きをしたりすることもあります。しかしそれは本当に必要な場合で、そう何度もあることではありません。

生活や学習の習慣をつけさせたいなら、やらなかったことに注目して叱るよりも、話し合いや、「ほめる」「認める」というアプローチで習得させるほうが近道です。必要な価値観は、叱らなくても身につけさせることができます。

私は、大声で子どもを罵ったり、叩いたりしてわからせるのが厳しいしつけとは思いません。そして本当に必要な場面で叱った後、子どもが泣いて「ごめんなさい」と謝ったからといって、その場で「もうしないでね」とすぐに許すこともしません。

ときに、「ほめる」と「おだてる」をはき違えてしまうように、しつけを親のその場の気持ちにまかせて行えば誤ったしつけになることも多いでしょう。それは子どもを傷つけるだけで成長のプラスにはならないと思います。

Point

冷静になれば、叱るに値しないことがたくさんある。

親を叩く・蹴るは絶対にダメ！

以前、あるお母さんから相談を受けました。子どもは小学生で、学習塾に通っていて勉強が忙しく、友達と遊ぶ時間はないといいます。子どもはもっと公園で遊びたいと言ったそうですが、そのお母さんは、それを許せば甘やかすことになるし、子どもの将来のためだからと、塾を続けさせました。

ある日、その子はフラストレーションを爆発させました。「もう塾はいやだ」と言ってお母さんを蹴飛ばしたのです。お母さんはショックでただ泣くことしかできなかったそうです。

このケースには問題が２つあります。塾に行くことを強いた気持ちには、将来の子どものためと言いながら、親の期待による強制があったのではないでしょうか。子どもは大人の所有物ではなく、独立したひとつの人格です。子どもの話に耳を傾け、勉強と遊びのバランスをとることは大事なことです。

もう１つの問題は、お母さんが「泣くだけだった」ということにあります。

親を蹴るということは、そのまま放ったらかしにできる行動ではありません。親を蹴るのはいけないことだと子どもに教える責任があります。

私のやり方は、その場で一言叱る。それから少し距離をおいて気持ちを鎮めます。そして、蹴られたとき、お母さんがどう思ったかを冷静に伝え、その上で子どもがとった行動の原因を理解し、共感することが必要です。

蹴ったことに対しては「ごめんなさい」とちゃんと謝らせるべきです。その後、冷静になって考えたお仕置きを伝えます。それは5分では終わりません。テレビやゲームを禁じるとか、おやつを抜くとか、子どもが好きでやっていることを一定の期間、禁じます。1ヵ月にするか、3ヵ月にするかは子どものタイプや悪さの度合いによって、親の判断で決めます。

Point

叱るに値するほどのことなら、「ごめんなさい」の一言ですますべきではない。

「ノー・デジタル」の半年間

私は仕事用のタブレットを持っています。チームの練習メニューや試合の戦術を保存してあったり、スタッフとのメールでのやりとりに使っています。代表チームの遠征にはもちろん、長期の休暇でスペインに帰国するときにも必ず持っていきます。息子たちには「これは仕事に使う大切なものなんだ。だから絶対に触らないこと。壊れたり、データが消えたりしたらとても困ったことになるからね」と真剣に伝え、家族間の重要なルールとしていました。

しかし夏休みに問題が起こりました。メールを確認しようとタブレットにパスワードを入力しても、アクセスできないのです。妻に聞くと、「ごめんなさい。次男がいじっているのを見つけて、開けないようにパスワードを変えておいたの。伝え忘れていたわ」とのことでした。

私は次男を呼び、「私の仕事の大切な道具にいたずらしたね。今後1年間、デジタル機器に触ることは禁止だ」とお仕置きの内容を伝えました。次男はすぐに「ごめんなさい。もう絶対に触らないよ」と謝りました。私は「悪いことをしたって思っているんだね。わかったよ」と言って愛を込めて額にキスをしました。しかし、謝罪は受け入れますが、お仕置きを引っ込めることはしません。翌日、「学校の宿題とお手伝い、日本語の勉強。それを毎日したら、お仕置きの期間を半年にしよう」と軽減の方法を提示しました。いっしょに暮らす兄は自由にゲームをしているのに、自分はできないというのはつらいものです。半年の間、「ゲームやりたいよ」「パパ、お願い、許して」と何度泣きついてきたことでしょう。そのたびに私は「反省しているのはわかった。でも少なくとも半年間はゲームはできないよ」と言い続けました。

大人にしてみれば「わかったよ。もうしないって約束するなら、ゲームしていいよ」と言うほうが楽なことは確か。大人の忍耐力が試されます。

Point

お仕置きには、大人も覚悟と忍耐が必要。

「食べ物の尊さを知る」キャンペーン

どんな場面や状況でしつけをするかということには、とても個人的な基準があるでしょう。たとえば私にとって食事は「命をいただく」ことなので、大切にしてほしい行為です。好き嫌いがあったり、おなかがすいていなくて食べられないことがあるのは、ときには仕方がないことだと思いますが、食べ物を汚い言葉で侮辱するようなことは許せることではありません。

ある夜、息子たちが食事を前にして、「まずそう！」「気持ち悪い！」「こんなもの食べられない！」と言ってふざけ出しました。私は「食べ物ってとても大切なんだよ。他の国には飢えに苦しんでいる人がたくさんいるんだ」と話しました。その後、意識して発展途上国について扱った本を見せたりもしました。しかしその数日後、きょうだいでまた、「こんな料理、口に入れるのも嫌だよ！」と言い出しました。

私は「わかった。そんなに食べるのが嫌なら、今日からハングリー週間にしよう。1週間、食べていいのはパンと白米と水だけだ」と言い渡しました。当然、息子たちからは毎日のように謝罪の言葉がありました。でも、私の返す言葉はいつも「1週間で食べ物の大切さを勉強しよう」。

そして世界中に蔓延する飢えについての本や、ドキュメンタリー番組のＤＶＤなどの情報を与えました。食べ物に恵まれることがいかに幸せなことか、身をもって経験し、深く考えてほしいと思ったのです。

その後、息子たちは食べ物に対して汚い言葉を使うことはなくなりました。空腹や食べられるものが少ないことを体験しながら、発展途上国の現状を知ることで、積極的に寄付をするようになりました。

しつけは大切にしたい価値観を体験し、共有するためのチャンスととらえることもできます。

Point

しつけと学びはつながっている。

「やりすぎ」かどうかの見極め

1年間のノー・デジタルや、1週間の食事がパンと米と水だけというお仕置きは、日本の大人にはショッキングでしょうか。しかし、このようなお仕置きは1年に1度あるかないかのことです。多くのことは言葉のやりとりで解決します。また、普段のコミュニケーションという土台と、親子の信頼関係があってこそできることです。

わが家では普段から、携帯ゲームは毎日やるのではなく、何かを叶えたことで得られる余暇の時間。ちょっとしたご褒美の楽しみです。悪いことをすれば当然、ご褒美はありません。ゲームが好きなことには変わりないので最初は悲しんでいた次男ですが、次第にゲームなしで楽しむことも覚えました。

ハングリー週間は、2週、3週と続ければ危ないでしょうし、やってはいけないことだと思います。1週間で多いなら3日にするとか、その辺りは個々のもつ常識と判断でやっていくべきことになります。たとえば「世の中にはごはんを満足に食べられない人もいる」と言うだけでは、子どもはそのうち「自分が食べなくたって、その人たちがごはんを食べられるようになるわけじゃない」という答えを用意するかもしれません。

息子たちと私は、1週間食べるものを制限することだけでなく、世界の飢えや命についての学びの時間、話し合う時間をもちました。便利なものを使わずに生活してみることにトライもしてみました。お仕置きの中に、ひとつの経験を共有するプロジェクトのような体験もあったのです。

仕事に関わることでルールを破れば、金銭的な問題に発展することもあります。いつもおなかいっぱい食べられるということは、当たり前のことではありません。親がお金を稼ぎ、毎日ごはんが食べられるという恵まれた環境にあるとき、人は本当に大切なことに気づけないことがあります。

Point

インパクトのある経験で、大切なことに気づかせる。

どうしてわがままを聞き入れるの？

私は自分をわりと寛大な人間だと思っています。嫌いな人は特にいませんし、我慢できないほど嫌なことも多くありません。

しかし、見るに堪えないほど嫌なことがひとつだけあります。それは、泣き叫んだり暴れて何かを要求する子どもと、お父さん、お母さんが「ダメ」と言いながら、そのわがままを最終的に聞き入れてしまっている光景です。

小学3、4年生くらいの子どもでも、こんなやりとりをしているのを目にします。

子ども「お菓子買って」
お母さん「ダメよ」
子ども「えー、いいじゃん買ってよ！」
お母さん「ダメよ、もうすぐ夕飯だから」
子ども「なんで？　ちゃんと夕飯も食べるし。買って、買って、買え!!」
お母さん「もう仕方ないわね。今日は特別よ。ごはん、ちゃんと食べるのよ」

「ダメって言ったのに、どうして買うの？」と思わず頭を抱えたくなるというのが、私の率直な感想です。お母さんは子どもに説明するのが面倒なのでしょうか。疲れてしまっているのでしょうか。子どもがよその人の前で汚い言葉を使うのが恥ずかしいのでしょうか。なんにせよ、小さなうちから我慢ができるようにしつけをしてこなかった結果です。

小さい子が「おもちゃ買って！」と泣いて暴れるのに根負けして「仕方ない」と買い与えれば、子どもは「泣けば買ってもらえる」と学習します。

この学習は子どもではなく、大人の責任です。大騒ぎする時間が5分でも10分でも30分でも、わがままに取り合えば同じこと。子どもの激しい駄々には、降伏するべきではありません。

Point

子どもに駄々をこねることを覚えさせたのは、大人です。

我慢を身につけるために

私の父は厳格な人でした。叩いたり怒鳴ったりすることはありませんでしたが、ダメなものはダメと徹底していました。

子どものころ、よく家族でバル（コーヒーやソフトドリンク、お酒、軽食が食べられる店）に行くことがありました。父は子ども用に「ジュース2本とコップ5つ」と注文します。私たちきょうだいが「なんで2本なの?」「僕たち子どもは5人だよ」と騒いでねだろうものなら、父はウエイターに向かって「ジュース2本はキャンセルしてください」と言います。それは「騒ぐと飲めなくなるよ」という脅しではありません。父が「なし」と言えば本当に「なし」なのです。次に行ったときには、私たちは2本のジュースを、おとなしく5つのコップに注いで飲みました。

我慢を身につけて生まれてくる赤ちゃんはいません。子どもは多かれ少なかれ、わがままな生き物。だからこそ大騒ぎしてねだる子どもに対しては、一貫した態度をとる必要があります。

泣いてわめいて、親の衣服を引っ張ったり、床に寝転がったりしたら、「そんなことをして騒いでいる間は、私はあなたの相手はしません」と宣言します。そして一番大切なのは、その宣言を放棄しないことです。

「もういいわよ」と降参することは、また近いうちに同じことが起こるということです。アピールにかかる時間が変わるだけで、最終的にはねだったものを手にすることができると子どもは学習してしまっているのです。そしてそのおねだりは年を追うごとにエスカレートするし、修正するのも難しくなります。子どもは自分の欲求を叶えるために、手を替え品を替え親をコントロールしようとするでしょう。

Point

大騒ぎしても解決しないことを、小さなころに教えなくてはならない。

欲求を伝える手段を変える

我慢は大切ですが、同時に自分が欲しいもの、したいことを他人に伝える方法も養いたいものです。

わが家では、長男は小さなころから、駄々をこねても無駄だと理解しましたし、今では「したいこと」より「すべきこと」を優先する責任感もあります。

一方で、次男は自由奔放というか、欲しいものやしたいことを迷わず口にします。以前は、泣きわめいたり騒いだりしたこともありました。しかし私は、どんなに小さくても言葉がわかるようになってきたら、「泣いて騒いでも絶対に与えない」ということを徹底してきました。

すると今では、「ジュースが飲みたい」「昨日たくさん飲んだから、今日はダメだよ」「うん、そうだよね。わかった」というやりとりができるようになっています。

ここで伝えたいのは「ジュースが飲みたい」と言ったからではなく、感情的に「ジュース！　ジュース！」と騒いで駄々をこねるのがよくないのです。騒ぎ立てることは、意思を伝える手段にはなりません。

「騒いでいるうちは、絶対にカルピスを飲むことはできないよ。落ち着いて普通にカルピスが欲しい理由を話したら、カルピスをもらえるかもしれないよ」と説明します。「今、お前がとっている手段は、確実に欲しいものが獲得できない、というゴールにつながっているんだよ」と。

よくないのは駄々をこねて獲得しようとする手段であって、「〜が欲しい」「〜したい」という感情をもつこと自体は、決して間違いではありません。子どもにはその違いを知ってほしいと思います。

Point

「したいこと」「欲しいもの」があることは間違いではない。

大人はあくまでも冷静に

ある日、次男から電話がありました。私が電話に出るなり、べそをかきながら「練習に行きたくないんだ。休みたいよ。ねえパパ、お願い！」と懇願を始めました。どうやらすでに妻とは話をして、「練習をサボってはダメ。絶対に行きなさい」と言われて私に電話をかけてきたようです。

まずここですべきでないのは、「おい、何を言ってるんだ！　自分が好きで始めたんだろう？　いくら月謝を払っていると思っているんだ？　嫌ならもうやめていい」と押さえつけること。その時点でしつけではなくなります。大人は子どもと同じ土俵に上がらずに、冷静に対応すべきです。

私「泣いて騒いでいる間は、君の話は聞かないよ。君は9歳だ。まず落ち着いて、行きたくない理由を説明してごらん」

次男「パパ、（サッカーの）練習に行きたくないんだ」

私「まずはね、『こんにちは、パパ、〇〇だよ』とあいさつから始めてみよう」

次男「やあ、パパ。元気？　僕は○○だよ。今日は友達が公園に集まって遊ぶんだって。すごく楽しそうな計画があるから、僕もそこに行きたいんだ」
私「そうか。でもうまくなりたいなら練習は大事だよ。わかってるよね？」
次男「わかってる。でも今日は公園を選びたいんだよ」
私「わかった。じゃあ公園に行くといいよ。お父さんと話したことを、落ち着いてお母さんに伝えるんだ。泣いたりわめいたりする必要はない。順序立てて、普通に話せばいいんだ」
その日は休むことをＯＫしましたが、「練習は大事だよ。何度も休めるものではないんだ。今日は必ず行くべきだよ」と伝える日もあります。あるいは自分自身で「友達に誘われたけどサッカーがうまくなるには練習が大事だから、今日は行くって決めた」と言うこともあります。
子どもの欲求を押さえつけ、否定するだけでは自立心は育ちません。

Point

落ち着いて話せば、相手はわかる（こともある）と知る。

きょうだい
ゲンカの

対処法1 「仲良し」に注目

2人以上の子どもがいる家庭では、きょうだいゲンカの仲裁は永遠のテーマです。激しいやり合いにほとほと疲れ切っている親も多いのではないでしょうか。わが家も例外ではありません。きょうだいゲンカをやめさせるためには、2つの対処の仕方があります。

1つは、ケンカしていることを叱ってやめさせる。たいてい感情的になって、「どうしてあなたたちは、いつもいつもケンカばかりするの？」と怒鳴ることになります。もう1つは、ケンカしている状況を無視して、別のことに注目するというやり方です。

きょうだいがいっしょにいるとき、大きく分けると2つの状況が訪れます。1つは争い。もう1つは平和です。いっしょに絵を描いたり、テレビを見ながらおしゃべりをしていることがありますよね？「ケンカばっかり」ではなく、仲良く過ごしている時間もたくさんあるはずです。

私はできるだけ仲のいい状況に目を向けます。そして「ふたりが楽しそうにしているのを見ると、私も嬉しい」と気持ちを伝えます。ときには、仲良くしているところへおやつを持っていったり、「仲良しのふたりを映画に招待しようか」と見たかった映画に連れていくこともあります。気分がいいことを表現することにエネルギーを使うのです。

2章の「ほめる」メソッドと同じく、ミスを指摘するのではなく、うまくできているところに注目して認める。すると子どもたちは、仲良くするにはどうしたらいいか、自分で考えるようになります。もちろん〝戦乱時代〟の完全な収束は望めませんが、ケンカの頻度や激しさは少なくなっていくでしょう。それに、ときにはケンカから学べることもあります。完全にケンカをなくす必要もないのです。

Point

平和を増やすには、「仲良し」のときの喜びを伝える。

きょうだいゲンカの

対処法2　自己コントロール

取っ組み合いのきょうだいゲンカがたまに勃発することもあります。

私はちょっとした口ゲンカなら見て見ぬ振りを決め込みますが、あまりにも激しいときには介入し、ときに大きな声が出ることはあっても、彼らの人格を否定するような言葉を浴びせることはありません。

取っ組み合いのケンカが始まったら、ふたりに告げます。

「そんなにケンカしたいなら好きなだけやっていいよ。でも、私は息子のケンカを見て楽しむ趣味はないんだ。ふたりともあっちの空いている部屋に入ってドアを締めなさい。さあ、5分マッチだ。存分に殴り合ってこい」と。

ふたりを別の部屋へ連れていき、ドアを閉めます。ふたりがドアの向こうで「どうしよう」と顔を見合わせる気配がしたかと思うと、「パパ、僕らだって殴り合うのが好きなわけじゃないんだ」「ここから出して、お願い」という声が聞こえます。私は「なんだ、そうだったのか。じゃあ出ておいで」としれっとドアを開けます。ケンカのきっかけがささいなことだと思ったら、ケンカの原因やどっちが先に手を出した、どっちが悪口を言ったかという話には、あまり真剣に立ち入ることはしません。仲直りすれば終了です。

ふたりを別々の部屋に行かせることもあります。「ケンカの原因をよく考えて、自分の何がいけなかったのかも考えなさい。そして興奮が鎮まって、もう大丈夫だと思ったら自分の責任で出てきなさい」と伝えます。

これは息子たちにはまだちょっと難しいことかもしれませんが、不利なことが起こったときに自分と向き合い、気持ちを鎮め、感情をコントロールするための訓練になります。落ち着きを取り戻すということが、どういうことかを知る機会となるのです。

Point

ケンカから、行動を振り返り、心を鎮めることを学ぶ。

学校に苦情があるときには

若いころ、スペインの中学校に体育教師として5年間勤め、そのときに学年主任として、生徒の保護者たちの相談窓口を担当したことがありました。保護者たちは、何か不満があれば学校に乗り込んできます。怒声を浴びせられたことも一度や二度ではありません。しかしほとんどは「子どもが学校できちんとしつけられていない」という苦情でした。私は「行儀作法や学習の習慣づけなどのしつけは、家庭でなされるべきです」と説明を繰り返しました。

そんな私も学校の指導がわが子に適していないと強く感じたときには、先生に意見することもあります。たとえば以前、元気印の次男がしょんぼりしている日が続いたことがありました。気になって話を聞くと「いたずらをしたから、僕だけ休憩時間に校庭で遊ぶのをずっと禁止されているんだ。教室でお留守番だよ」と言います。次男は体を動かすことでエネルギーを発散させるタイプ。外遊びを禁じればストレスで授業に身が入らないかもしれません。

私は、先生に話をする時間を作ってもらい、こう言いました。

「私の息子がやんちゃなことは、父である私がよくわかっています。学校で迷惑をかけてしまって申し訳ない。ただ、彼は体を思い切り動かさないとストレスがたまるので、余計に落ち着きがなくなるかもしれません。ですから別のお仕置きを考えていただけませんか？」

先生に意見するとき、自分の子どもに非があれば、まずはそれを100％認めなくてはなりません。学校は先生の持ち場であることを理解し、先生の考えを尊重しましょう。そして何より大切なのは、普段からわが子とコミュニケーションをとり、いつもと違う様子に気づくこと。必要と感じたら、躊躇せずに先生に相談したほうがいいと思います。いざというとき、親が助けてくれるという安心感を、子どもにもたせてあげましょう。

Point

学校の先生の方針を理解・尊重した上で意見を述べる。

お父さんの役割・お母さんの役割

スペインの家庭では、「それはお父さんに相談しましょう」というフレーズがよく聞かれます。一般的に、その家の考え方の核になるのは父親の存在という意識があるように思います。

わが家では、よく家族会議を開きます。家族旅行の行き先や家族にとっての大きな買い物をするときなどでは、家族で意見を出し合って決めるのです。それを取りまとめる議長は私の役目です。

外で仕事をして家族を養うのがお父さんの主な役割であるというのは、日本と同じです。しかし一家の大黒柱だからこそ、家のこと、特に子どもの教育に関してはお父さんが舵を取る、というのがスペイン人の考え方なのかもしれません。子どもとのコミュニケーションも、お母さんに任せきりにせずに、夫婦いっしょに担います。家庭教育というのは、ひとつのプロジェクト。お父さんとお母さんがいるなら、両者の共同作業であるべきでしょう。

家のことの役割分担は、家庭によってそれぞれですが、わが家の場合、お母さんの役割は、まず家事一般。日々の食卓、清潔な衣類や寝具を整え、家族の快適な暮らしを支えてくれます。私も手伝いますが、料理も掃除も苦手分野で、家事で積極的に参加できるのは、おつかいくらいかもしれません。また、多くの時間を子どもと過ごしているので、学校の宿題を見てあげたり、習い事に送り出したり、勉強の実質的なことも担っています。

私が家にいるときは、いっしょに遊んだり出かけたりして、できるだけ子どもと過ごすようにしています。そしてたくさん話をして、進むべき方向性へ導いたり、ものの理を示すのが、わが家のお父さんである私の役割です。

得意分野を子育てに生かす

自分自身が子どものころからスポーツをしてきて、現在、指導者をしていることが生かせる場面もあります。たとえば息子が落ち込んでいるときです。

勝ち負けはスポーツの大きなテーマのひとつ。そこには成功と失敗の積み重ねがあります。ですから私の中にある引き出しには、夢に破れた自分、大一番で負けてしまったプロの選手、落ち込んだ子どもたちを立ち直らせる手助けができた経験などがストックされています。それらの経験は息子たちが悩んだり、落ち込んだりしているとき、いっしょに解決するためのヒントになることもあります。

しかし、それは特別なことだとは思いません。教育や指導に関わる仕事をしていなくても、あるいは仕事とは関係なくても、自分の経験をプラスの方向に子育てに生かすことはできます。日頃から子どもたちをよく見てコミュニケーションをとること、おしゃべりしたり遊んだりという関わりの中でなされる、自然な営みだと思うのです。

まずは、お父さんとお母さんが会話する

「子どもは大人の鏡」ということを考えれば、お父さんとお母さんのコミュニケーションがどんなに大切かわかるでしょう。それがなければ、子どもに言葉で解決することの大切さを説いても、その術《すべ》を手に入れることは難しいと思います。子どもとの親密なコミュニケーションは、大人同士が仲良く、助け合っている環境で生まれます。夫婦がお互いを信頼し尊重していれば、互いの考えを述べ合っているところを見ていれば、子どもは自然と思ったことを言葉にしてもいいいんだと感じるはずです。

夫婦同士だから言わなくてもわかるだろう、という考えには賛成できません。また、子どもが意見を述べると、「子どものくせに」「生意気を言うな」「大人の話に口を出すな」と取り合わなかったり、頭から否定してしまえば、子どもはこの人に話しても無駄だと学ぶでしょう。

家の外で起こった、友達同士のトラブルを話し合いで解決したり、公の場

で自分の意見を述べるという能力は、家庭の中で培うことができます。子どもが意見を述べたら、きちんと耳を傾け、あるときは同調し、あるときは自分の意見を述べます。

夫婦でデートのすすめ

日本人のスタッフや友人から「飲みに行こう」「今夜はどこに行く?」と誘ってもらうことがあります。しかし彼らはいつも忙しいので「今日は家に帰って家族と過ごしなよ」と私は言うのですが、「せっかくだから飲みに行くよ。家族も私が帰ってくるとは思っていないだろうし」という答えが返ってきます。

女性にも「ご主人と映画を見たり、食事をしたり、バーで飲んだりしないの?」とたずねると「自分の夫と出かけても、話が弾まないの。特に話したいこともないし。お酒を飲むなら友人たちとのほうが楽しいわ」と言います。

日本人は働き者だし、大人も子どもも本当に忙しくて時間がないのは事実ですが、私が見る限り、時間だけでなく、コミュニケーションをとる意欲も少ないのではないかと思います。

もし可能なら、子どもを祖父母やきょうだい、仲のいい友人家族に預かってもらい、たまには夫婦ふたりきりで出かけてはどうでしょうか。面倒くさいですか？　しかし、努力なしに維持できる人間関係なんてありません。それは夫婦も同じです。子どもを他人に預けて遊びに行くなんて、子どもに申し訳ない？　果たしてそうでしょうか。お父さんとお母さんがそれぞれに別の人と楽しめば、本人たちは満足かもしれませんし、ストレス解消にもなるでしょう。でも、家の中に本物の心が通ったコミュニケーションがなければ、子どもは取り残されてしまいます。

ですから、夫婦のコミュニケーションを大切にしてください。たとえ意見が食い違っても、それを言葉で解決していく両親を見て、子どもは安心します。居心地のいい家には親密なコミュニケーションがあるのです。

Columun 3

スペイン人はジョークが大好き！

　スペイン人はおしゃべりが大好きです。そのおしゃべりの中で披露されるのが「チステ(chiste)」。スペイン流の小噺や笑い話のようなオチのあるジョークです。

　おしゃべりの合間に「ねえ、このチステ知ってる？」とか、「何か新しいチステを話してよ」のひと言から、おのおのチステ披露が始まります。中には趣味がチステというような人たちもいて、出会いばなから「おもしろいのを仕込んできたよ」とひとりでいくつも話してくれる人もいます。

　内容は、子ども向けの言葉遊びのようなものから、政治的な風刺やブラックジョーク、昔話やおとぎ話をもじったもの、ちょっとエッチなオチのあるものまでさまざまです。

　子どもたちも小学校高学年くらいになれば、学校で新ネタを仕入れてきます。わが家の長男も、スペインに住むいとことスカイプで話をしながら、お互いに考えたチステを教え合っていたりします。

　息子たちが私に話してくれたチステの中から、短いものを紹介してみましょう。


男の子が帰宅してお母さんに言いました。

—ママ、いいニュースと悪いニュースがあるんだ。

—そう。まず、いいほうから教えて。

—算数のテストで満点とったよ。

—悪いほうは？

—今の話、嘘なんだ。

先生がハイメ君に聞きました。

―ハイメ、どうしたの？

―33の書き方がわからないんです。

―簡単よ。最初に3と書いて、その後また3を書けばいいだけよ。

―えぇ、先生。でもどっちの3から書けばいいのかわからないんです。


自転車に乗った男の子が、両手を離してお母さんに言いました。

―ママ、見て！〝手なし〟で乗ってるよ！

今度は足をペダルから離して、

―ママ、見て！〝足なし〟で乗ってるよ！

すると突然、自転車から落ちて地面に顔から突っ込んでしまいました。しかし立ち上がって自転車をこいで言いました。

―ママ、見て！〝歯なし〟で乗ってるよ！


また、スペインでは子どもに何かを説明するとき、比喩にユーモアを盛り込みます。たとえば、「君のユニフォームは真っ白だね。お月様みたいに輝いてる！」「気合いが入ってるね！ 揚げたてのチュロスみたいに熱々だ」といった具合です。

たわいもないジョークは、コミュニケーションの潤滑油になります。ちょっとした小噺が、不安やむしゃくしゃした気分を吹き飛ばしてくれることもあります。特に子どもたちは、こちらがユーモアをもって歩み寄ると、早く心を開いてくれるようになります。子どもの教育の場にこそ、もっと「笑い」が必要です。

まずは楽しく、意欲をもたせること。「笑い」にはそれを促す効果があります。

Chapter

4

未来を育てる大人たちへ

ずっと「ダメ」ばかり言い続けてしまった。

子どもと会話をせずにきてしまった。

もう手遅れかも？

そんなことはありません。

思い立ったが吉日。

現に、大人の選手たちは自信をつけて、どんどん成長したのです。

「どうせ無理」と諦めずに、少しずつでも試してみてください。

ポジティブになる勇気をもって、未来を育てていきましょう。

一日に1回、質の高いコミュニケーションを

子どもたちを指導した後に、私が彼らとじゃれているところを見ていたひとりのお母さんから質問を受けました。

「自分の家でも、お子さんたちとああやってはしゃいだりするんですか？」

と。私は「もちろん！」と答えました。

息子たちといっしょに過ごす時間は大切です。でも、大切という以上に、私は子どもと過ごすことが好きだし、楽しみでもあります。たくさん話し、笑います。ジョークもたくさん言って、スキンシップもします。仕事をもっていれば、たくさん時間をとることはできませんが、だからこそいっしょにいる時間は貴重なのです。

いろいろなことを質問します。「学校はどうだった？」「新しく覚えたことは？」「休み時間には何をしたの？」「おもしろかったことは？」

そして、自分がした質問に子どもが答えている間は、きちんと聞かなくて

はなりません。掃除をしながら、お皿を洗いながらでは不十分です。話している人の顔を見ずに何かをしながら空返事をするのは、普通なら話の内容や相手への関心がないことを示す行為です。それが子ども相手ならば許されてもいいのか疑問に思います。

何度も言うように、日本の大人は忙しい。お父さんは残業が多くて帰ってくるのが遅いし、その分、お母さんは家庭というプロジェクトを一手に引き受けなくてはなりません。先ほどのお母さんも、「毎日、手いっぱいで、子どもの話をまともに聞く時間なんてありません」と言っていました。

でも一日のうちの20～30分、時間をとることはできませんか？　お皿を洗う手を休めて、子どもの隣に座って顔を見ながら話をしてみてはいかがでしょうか。そして、普段子どもといっしょにいないお父さんが、面と向かって話すのは照れくさい、どうしていいのかわからないというなら、本気で遊ぶというコミュニケーションもあります。

時間を増やすのは確かに難しいかもしれません。でもコミュニケーションの質を高めることは忙しくてもできることです。

思春期を前にして

親子のコミュニケーションから得るものはたくさんありますが、信頼関係は、その柱となるものです。

わが家の長男は、12歳になります。思春期を迎え、からだも心も少しずつ変化してきています。それを気にする彼に、「お前は今、大きな変化を迎えようとしているんだ。ものの見方も友達づきあいも、女の子との関わり方も。映画や本の趣味も変わってくるかもしれないね」と話しました。すると、長男は「大人に近づいているっていうなら、僕を子ども扱いするような言い方はやめて。弟と同じような話し方をしないでほしいんだ」と言いました。

私は彼をひとりの青年として扱うことを約束しました。そして、これからやってくるのは大人への過渡期だと説明しました。

「親といっしょにいたくない、ひとりになりたいと思うようになるし秘密も増えると思うけど」と言うと、「そんなことないよ」と答えましたが、「お父さんにもそういう時期があったんだよ。でも、嘘はつかないと約束してほしい。本当に困ったことがあったら、必ず私たちに話してほしい」と伝えました。

13歳から高校生ぐらいの間には、目線がもっと大人に近づいて、反抗期もやってくるでしょう。そのときに私が彼にとって「頼りになるお父さん」になるか、「敵である大人」になるかは、その時期までに信頼関係を築けるかどうかも関係しています。

子どもは「小さな大人」ではありません

日本の子どもたちは、子どもであることを禁じられているように感じます。

大人たちに「小さな大人」であることを強いられているように見えるのです。

サッカーの練習を見ても、8～10歳ぐらいの子どもたちにも、大人の、もしくは高校生向けのメニューをさせていることがあります。テクニックも体力もまったく違う年代に、同じようなメニューを同じ時間こなさせることに疑問を感じます。チーム全体の規則も子どもに合わせたものではありません。

規則はあるべきだし、それに対するしつけも必要ですが、それはその年代に合ったレベルであることが大切です。たとえば小さな子どもを整列させます。整列が乱れたり、ちょっとおしゃべりしただけで、烈火のごとく怒る指導者がいますが、これは少々行きすぎではないでしょうか。

私なら、座る場所は「だいたいこの辺りにかたまって座ってね」と言います。もしちょっとしたおしゃべりがあっても、あるいはほんの少し時間に遅れてきても叱ったりはしません。練習中の安全を踏まえた基本的な規則は必要ですが、子どもにとって大切なのは「楽しくトレーニングすること」「モチベーションをもって取り組むことです。ジョークを言ったり、スキンシップをとりながら、子どもに適したメニューを実行するべきです。

子どもたちの練習に参加したときには、チームの指導者とも話をします。そのときに必ず伝えることがあります。

「まずは、あなたのメンタルを変えてください。彼らは子どもです。子どもとしてトレーニングしてください。笑って、いっしょにからだを動かして、楽しく。それが一番大切な基本です」

子どもは「遊び」が仕事

生活時間も、子どもたちは大人の時間軸に取り込まれてしまっているように思えます。朝8時に登校して午後3時に帰ってくる。その後、毎日のように塾に行く。すべての子どもたちには当てはまりませんが、塾通いをしている子どもがとても多いようです。そして、塾から帰れば、学校と塾の宿題をする。これでは、朝から晩まで仕事をする大人と変わりません。そのリズムを子どもに強いるのは、子どもになくてはならない経験を奪っていることになるのではないでしょうか。

子どもの成長には、外で遊ぶ時間が欠かせません。人間だけでなく、ほ乳類にとって、つまり生物学的に見て、遊びが不可欠だということは、よく知られていることです。からだを動かすことは、からだの成長を促して、体力をつけたり、基本的なからだの動きを身につけたりすることにつながります。生きていく上で必要な価値観やルールは、仲間同士の遊びの中で体得していくべきものです。

私が子どものころは、おやつにサンドイッチを持って日が暮れるまでずっと遊んでいました。鬼ごっこをして駆け回ったり、ボールを使ったりしながら過ごすことで、とても幸福だったし、体力がついたと思います。

もちろん勉強の進度に問題があって、補習として週に1、2回塾に行くことはあるかもしれません。もしくは勉強が好きで、算数や英語を何時間も勉強したいという子もいるかもしれません。それでも、お弁当を持って出かける先が塾だというのは、自然に反しているように感じられます。

遊びは子どものからだが求めていることです。時代が変わっても、その事実は変わりません。

「叱る」は責任を伴う行為

子どもが悪さをしたとき、怒りで我を忘れて怒鳴り散らしたり、感情に任せて叩いたりするのは「攻撃」です。それはしつけとは言えません。子どものために叱っているのではなく、自分の感情を爆発させているだけです。

また、自制心を完全に失ったまま、子どもにお仕置きを言い渡すのは得策ではありません。一貫性がなかったり、必要以上に子どもを傷つけるような言葉を使ってしまうからです。しつけは、自分の行動や言葉を完全にコントロールできる精神状態でなされることです。

たとえば、子どもがおやつを食べすぎて食事を残してしまうことが続くと、お母さんはがっかりするし、イライラもするでしょう。「食べなさい」「食べたくない」の押し問答が続いたあと、その流れでカッとなって「そんなに食べたくないなら、明日はごはん抜きね！」と言い放ってしまったとします。その瞬間に、すでにお母さんは失敗を犯しています。お母さんの発した最後の一言はお仕置きです。しかしこのお仕置きは、果たして実行されるのでしょうか。

子どもと長い時間いっしょにいたり、忙しくしているときには、子どもを怒る回数が増えるし、その度合いもエスカレートします。何かをやらせたり、やめさせたりする手段は、脅しになっていきます。

「ごはんを食べさせないよ」「おやつはあげないよ」「ゲームを取り上げるよ」「もう公園には連れていかないよ」

ありとあらゆる脅し文句がありますが、実はそのひとつも遂行されていないことが、ままあります。それが続けば、子どもは学習します。「お母さんは、自分に何かをさせたくて脅すだけで、本当にお仕置きするわけじゃないんだ。怒鳴り声を我慢すればいいだけだ」と。子どもは賢いのです。

子どもに対してとても腹を立てているとき、自分にブレーキをかけて言葉を選ぶのは、とても難しいことです。叱ることとは、そもそも教育の一環でなされることのはず。当然、叱る側には責任が生じます。お仕置きを言い渡したからには、それは有言実行でなくてはなりません。

「明日からごはん抜き！」と怒鳴ったとして、あなたは子どもにそれを最後まで実行できますか？　できないことは言葉にすべきではありません。

もちろん、本当に叱るべきかどうかの判断も必要になります。まずは3章までで述べてきたように、子どもと感情を共有したり、いい状態に注目してほめたり、ただ理由を説明して自分自身で考えさせたりして解決できることも多いでしょう。

あなたがキッチンで食事の支度をしていて、いつものきょうだいゲンカが始まったとか、または宿題をやらずにテレビばかり見ているとか、子どものすべきでない行動に気づいてカッとなったときは、まず深呼吸をすること。そして自分がどのやり方を選ぶのか、どんな言葉をかけるのか、お仕置きは必要かどうか、必要ならどんなお仕置きを言い渡すのか、自分に問いかけてみてください。その答えの準備をしてから、行動を起こしましょう。

ポジティブとネガティブを整理する

正しいか、正しくないか。実行するか、しないか。

日本の教育や指導の場では「白か黒か」がとても大切にされているようです。厳しい規律を徹底して守らせる。そうしなければ、完全な無秩序の状態になってしまう。学校で一糸乱れぬ整列を強いるのも、少しでも列が歪めばダムが決壊するように、子どもたちが総崩れになってしまうとでも思っているように見えます。厳しい規律も無秩序もどちらも極端で、両者の中間がすっぽり抜け落ちているように感じます。

まるで、ポジティブ・アレルギーのような反応を示す人がいるのもそのためなのかもしれません。ポジティブ、プラス思考、ほめる、という言葉から、子どもをおだてる、甘やかす、子どもの言うことすべてを許す、のように、ひたすら子どものエゴを受け入れることを連想しがちではありませんか？

反対に、ルールを守らせようと思うと、そこに柔軟性という余地はありません。厳しいしつけといえば怒鳴ったり、叩いたりすることと直結させてしまう。「甘やかす」と「罵倒する」の２択で悩んでいるように見えますが、そのどちらにも明確な正解がないということにも、ひどく悩んでいます。

ポジティブな教育や子育てとは、子どもの個性や適性を理解し、その子に合った方法で、できたことや努力を認めてほめることです。もし間違った方向に行ったら、冷静な対応で子どもに気づかせ、正しい道に導くことです。甘いのか厳しいのかと聞かれれば、そのどちらの面もあります。

子どもの行いをよく見ることもせずに、単に甘い言葉でおだてたり、子どものわがままの言いなりなるのは、ポジティブな投げかけではなく、ただの怠慢です。子どもの年齢や成長を考慮せずに大人と同じようなルールを適用するのは浅はかです。私にとっては両方ともネガティブなこと。

物事は何にせよ、白黒つけられないことのほうが多いのです。大切なことは白と黒の中間、グレーの部分にあります。それを理解している人は、精神的にも余裕があります。自分の目で見て考えて、グレーのグラデーションの中から、その子にちょうどいいと思えるものを選び取る。教育や指導もそうあるべきだと私は考えます。

人生を切り開く力

海外で活躍する日本人を見ると、彼らはその国の精神的な文化や習慣を素早く理解し、適応する能力に優れているように見受けられます。海外の仕事のやり方、考え方を吸収し、のびのびと仕事をして、人生を楽しんでいるようです。しかし日本に帰国すると、今度は日本のやり方に強いフラストレーションをもつ人も中にはいます。日本社会の伝統的な文化や習慣に、もう一度自分を適応させることは難しいようです。それは自分の決断によって行動することを制限され、個々の秀でた能力よりも力を合わせて頑張ることに重きが置かれているからかもしれません。自己裁量でプロジェクトを成功させるか否かではなく、日々の業務の一挙手一投足を上司にコントロールされているようで、閉塞感を感じるのだと思います。

問題は、どちらのやり方のほうが仕事の仕上がりのクオリティが高いのか、そして個人の生活の満足度を上げてくれるのか、ということです。スピーディに選んで、実行し、責任も負う。世界のビジネスシーンで求められているのは、それらを満たす能力をもっている人ではないでしょうか。

仕事においてはもちろんのこと、人生において進むべき道を自分で選び、チャレンジを続けながら進むたくましさは、子どものころに養われた自信と決断力から生まれるものだと思います。

ポジティブになることを恐れないで

私は日本が好きです。子どもだけで外に遊びに行けるほど安全な国。街は清潔で、秩序に満ちています。信号無視をする車を見たことはないし、電車がいつ来るのか心配する必要もありません。すべてが快適にコントロールされています。本当にいい国だと思います。

こんなにいい国なのだから、その価値を失うことなく、子どもたちをもっといい方向へ導くことができるはずだと信じています。子どもを叱りつけることをやめたからといって、将来、犯罪者が増えるとは思えません。子どもたちが楽しみながら学び、自主性を身につけたからといって、日本の秩序が乱れていくとは思えません。今、日本人がもっているたくさんの美点と、私が考えるプラス思考は、同居させることができます。

だからどうか、ポジティブになることを恐れないでください。怒鳴り声で、子どもの小さな才能の光を踏みつけないでください。ルールばかりに気を取られずに、一人ひとりの子どもたちに目を向けてください。勇気を出して挑戦したことを、ほめてあげてください。子どもが目標に向かって頑張ったら、ほめてあげてください。上手にできたら、ほめてあげてください。成功をいっしょに喜んでください。もっと子どもを認めて、自信をつけさせてあげてください。

ポジティブな教育や子育てをやってみたいけど、どうしたらいいかわからない。それなら、この本の中の何かひとつでも、心に残ったことを試してみてください。

子どもは未来そのものです。未来を育てる大人の責任は、とても重大です。

おわりに

以前、あるテレビ番組の企画で、子どもたちのサッカーチームを1週間指導したことがありました。笑いかけてもうつむいている子、緊張しすぎて力を発揮できない子、相手に遠慮してすぐにボールを取られてしまう子…。

しかし1週間後の子どもたちは、見違えるほどの変化を遂げました。彼らは自信に満ち、自分の意思でプレーを選び、自由にフィールドを駆け回っていました。

そして、子どもたちの成長ぶりはもちろんのこと、とても印象に残ったのが、子どもたちの姿を見て涙するお父さん、お母さんでした。彼らは口々に「わが子がこんなに楽しそうにプレーするのを見たのは初めて」「とてもイキイキしている」と話してくれました。もちろん私は嬉しかった。しかし同時に、お父さん、お母さんたちは日頃、どれくらいの時間を子どもたちと過ごしているのか、またどのように接しているのかと考えるようになりました。

子どもたちは常にまじめに静かに、きちんと行動することを強いられているのかもしれない。日本の大人は忙しくて、子どもと向き合って話す時間がないのかもしれない。もともと日本人は、シャイで自分の気持ちを伝えるのに時間がかかるという文化があるけれど、もしかしたら、コミュニケーションをとる時間や意欲そのものが足りていないのではないか…。そんなふうに思うようになりました。

本書は、私がスポーツを通じて、チームを、選手を、子どもたちを、ポジティブなはたらきかけでどのように変化させてきたか、また彼らがどのような変化を遂げたのかを振り返り、それを家庭での教育に役立ててもらうためのものです。

私はスポーツの力を信じていますし、特にチームでするスポーツは子どもの成長にたくさんの恩恵をもたらします。しかし、それはよい指導者に巡り合ってこそのこと。もしも指導者に満足がいかなければ、別のチームを探さなくてはならないでしょう。当然、スポーツに関心を示さない子どももいるでしょう。一方、家庭には必ず子どもを育てる大人がいて、彼らは子どもたちの指導者であり、教育者でもあります。しかし何か問題があっても、サッカーチームの移籍のように別の家庭へ、というわけにはいきません。うまくいっていないと感じているなら、できることはお父さん、お母さんが変わることしかありません。

ただし、子どもをほめてみよう、もっとコミュニケーションをとろうと思っても、今までの生活リズムや習慣をすぐに総取り替えすることは不可能でしょう。大切なのは白か黒かの結果を急ぐことではありません。そこへ行き着くまでのプロセスをしっかり見て、その都度、注意深くハンドルを切りながら進んでいってほしいと思います。子どもの性格によっては、なかなか変化が見られないこともあるかもしれませんが、もう手遅れかもしれないと嘆かないでください。フットサル代表チームの大人の選手たちは、トレーニングで決断力を磨き、自信をつけていったのですから。

今日、子どもが学校から帰ってきたら、しっかりと向き合って心をこめて

「おかえりなさい」と言ってみましょう。子どもが話をしだしたら、真剣に聞く時間を作りましょう。それが子どもに小さな変化をもたらしたと感じたら、お父さん、お母さんも自分に自信をもってください。

子育てにはマニュアルもノウハウもありませんし、百戦錬磨の達人もいません。考えながら、不安を乗り越えながら、それでも自分でやり抜くしかない、人生で最も大切なプロジェクトです。本書がその子育てプロジェクトの一助になれば、とても幸せです。

2016年　　ミゲル・ロドリゴ

ミゲル・ロドリゴ

Miguel Rodrigo

フットサル指導者。スペイン・ヴァレンシア生まれ。2009年6月フットサル日本代表監督に就任。2012年、2014年にAFCフットサル選手権を連覇。2012年のFIFAフットサルW杯では、日本代表史上初のベスト16進出を遂げた。育成年代の指導にも定評がある。2016年2月、代表監督を退任。近著に『日本人チームを躍動させる 決断力の磨き方』(カンゼン)がある。FIFAフットサルインストラクター、スペインサッカー協会フットサル指導者資格を持つ。

子どもがみるみる変わる!
ミゲル流 人生を切り開く「自信」のつけ方

2016年7月21日　初版第1刷

著者　ミゲル・ロドリゴ

発行人　小山朝史
発行所　株式会社 赤ちゃんとママ社
〒160-0003　東京都新宿区本塩町23番地
第2田中ビル2階
電話 03-5367-6592(販売)　03-5367-6595(編集)
http://www.akamama.co.jp
振替　00160-8-43882

印刷・製本　シナノ書籍印刷株式会社

通訳　小森隆弘
撮影　中川正子(OWL)
撮影協力　仲井心咲、永田拓也、大野彗人・瑛人、文京江戸川橋体育館
デザイン　野中美帆(モノタイプ)
構成・文　村山京子
編集　五十嵐はるか

ISBN978-4-87014-122-3